日讀論語

府建明 注评
孙晓云 书

江苏凤凰美术出版社

目录

學而篇第一

这一篇是《论语》全书之首篇，用朱熹的话说："故所记多务本之意，乃入道之门，积德之基，学者之先务也。"

所谓"本"，就是"孝悌"，即孝顺父母、尊敬兄长，这是孔子特别强调的道德法则，也是后来儒家最看重的一种品德。孔子认为：只有首先做到"孝悌"，才有资格谈"泛爱众"，即广泛地爱与自己没有亲缘关系的人；否则，所谓的"仁心"，不过是虚夸伪饰，根本不可信。

那么孔子为什么如此看重"孝悌"？是因为他看到人的关系中第一位的是亲缘关系，人的情感中最基本的也是这种情感；只有处理好这层关系、安顿好这种情感，才能解决和处理好别的关系与别的情感。

本篇中孔子的学生有若所说的那段话，很好地诠释了"孝悌"的思想意义。有若之话的大意是：一个人能做到孝悌，很少有犯上的；如无犯上之心，就很少会有作乱之举。由此，形成了一句老话："在家孝子，出必忠臣。"成为历朝历代看人用人的标准。

另外，本篇中还收录了孔子另一位学生曾参的话："慎终追远，民德归厚矣。"其意思是：慎重地对待父母终老之事，并追怀先祖之情，民风就会变得淳朴。这也是强调了"孝道"的道德教化作用。

孔子在本篇中还谈到了为学之道、君子之道、信义之道等，也是令人深受启发的。

子曰。學而時習之。不亦說乎。有朋自遠方來。不亦樂乎。人不知而不慍。不亦君子乎。

原文

01

子曰：『学而时习之，不亦说乎？有朋自远方来，不亦乐乎？人不知而不愠，不亦君子乎？』

注解

子：古代对有学问有道德之人的尊称。本书中『子曰』的『子』，都是指孔子。**习**：意为温习，又有实习之义。**说**：通『悦』，音yuè，意为高兴、愉快。**有朋**：即友朋，多指志同道合之辈，也包括弟子。**知**：意为了解。**愠**：音yùn，意为怨恨。**君子**：指有道德修养的人。

译文

孔子说：『学习知识后在生活中经常实践，这不是很愉快吗？有志同道合的朋友从远方来，这不是很令人高兴吗？别人不了解我，我也不怨恨，这不就是我作为君子的境界吗？』

有子曰。其為人也孝弟。而好犯上者。鮮矣。不好犯上。而好作亂者。未之有也。君子務本。本立而道生。孝弟也者。其為仁之本與。

原文

02

有子曰：『其为人也孝弟，而好犯上者，鲜矣；不好犯上，而好作乱者，未之有也。君子务本，本立而道生。孝弟也者，其为仁之本与！』

译文

有子说：『孝顺父母又友爱兄弟的人，很少会做出冒犯长者或上司的事情。如果他懂得不冒犯上司和长者，那么也很少会做出违法乱纪的事。君子应当关注这个做人的根本（即孝悌）。根本建立了，治国和做人的原则也就有了。孝顺父母、友爱兄弟，这就是仁的根本啊！』

注释

有子：孔子的学生，姓有，名若。**孝弟**：孝，指子女对父母的恭敬与遵从；弟，同『悌』，音tì，指弟弟对兄长的恭敬与遵从。这是中国古代基本的伦理观念之一。**犯**：冒犯、违反的意思。**鲜**：音xiǎn，少的意思。**未之有也**：『未有之也』的倒装式，意为没有的事。**务本**：培植基础。务，致力，意为培植。本，根本、基础，此指作为做人根本的孝悌观念与行为。**道**：中国古代最重要的哲学范畴之一。此指儒家倡导的伦理思想与行为准则。**仁之本**：仁的根本和基础。**与**：同『欤』，音yú，语助词。

子曰。巧言令色。鲜矣仁。

曾子曰。吾日三省吾身。為人謀而不忠乎。與朋友交而不信乎。傳不習乎。

原文

03 子曰：『巧言令色，鲜矣仁！』

04 曾子曰：『吾日三省吾身：为人谋而不忠乎？与朋友交而不信乎？传不习乎？』

注释

巧言令色：花言巧语，面貌伪善。**鲜矣仁：**少有仁德。**曾子：**孔子的学生，姓曾，名参（音shēn），字子舆。主张孝恕忠信的伦理观和修齐治平的政治观，是儒家学派的重要代表人物之一。因能遵循发扬孔子的思想，被后世尊为『述圣』。**三省：**省，音xǐng，意为自我检讨、自我反省。三，表示多次。**忠：**尽心尽力，不藏邪念。**信：**诚信。**传：**指老师的传授、教导。

译文

孔子说：『用花言巧语取悦于别人，往往是仁心缺少的表现。』

曾子说：『我每天多次反省自己：替别人做事有没有尽心竭力？和朋友交往有没有诚信？老师传授的知识有没有按时温习？』

子曰。道千乘之國。敬事而信。節用而愛人。使民以時。

子曰。弟子。入則孝。出則悌。謹而信。汎愛衆。而親仁。行有餘力。則以學文。

原文

05 子曰：『道千乘之国，敬事而信，节用而爱人，使民以时。』

06 子曰：『弟子，入则孝，出则悌，谨而信，泛爱众，而亲仁。行有余力，则以学文。』

译文

孔子说：『治理一个拥有千辆兵车的中等之国，既要严谨办事又要恪守信用，既要节约开支又要爱护人民，役使百姓时要顾及他们的生产时间，不误农时。』

孔子说：『作为晚辈，对待父母要孝顺，对待兄长要恭敬，言行要谨慎又诚实可信，要广泛地去爱他人，亲近那些有仁德的人。这样躬行实践之后，还有余力的话，就再去学习各种文化。』

注释

道：意为治理，作动词用。**千乘之国**：拥有千辆兵车的诸侯国。当时指中等国家。乘，音shèng，指用四匹马拉着的兵车。**敬事**：严肃认真对待工作。**节用**：节约费用。**使民以时**：役使百姓，不违农时。**弟子**：有二义，一指晚辈，另一指学生。此处指前者。**入则孝**，**出则悌**：进出都要对父母兄长恭敬顺从。入，古指进入父母处所；出，古指走出自己处所。**谨而信**：慎言而诚信。**泛爱众**：博爱大众。**仁**：此指仁人。**学文**：此指学习各种文化，与躬行实践相对。

子夏曰。賢賢易色。事父母。能竭其力。事君。
能致其身。與朋友交。言而有信。雖曰未學。吾
必謂之學矣。

原文

07 子夏曰：『贤贤易色；事父母，能竭其力；事君，能致其身；与朋友交，言而有信。虽曰未学，吾必谓之学矣。』

注释

子夏：孔子的学生，姓卜，名商。子夏为其字。以『文学』著称，为『孔门十哲』之一。**贤贤易色：**意为看重贤惠品德，轻视外在美色。第一个『贤』作动词用。易，轻视。**事：**服侍、伺候。**致：**意为尽力、贡献。

译文

子夏说：『一个人看重贤惠等内在品德，轻视外在美色；侍奉父母，能够竭尽全力；服侍君主，能够不遗余力；同朋友交往，说话诚实守信。这样的人，尽管他自己说没有学问，我一定说他是有学问的。』

子曰。君子不重。則不威。學則不固。主忠信。無友不如己者。過。則勿憚改。

曾子曰。慎終。追遠。民德歸厚矣。

原文

08 子曰：『君子不重，则不威；学则不固。主忠信，无友不如己者。过，则勿惮改。』

09 曾子曰：『慎终，追远，民德归厚矣。』

注释

重：庄重、持重。**威：**威严。**学则不固：**学习不能巩固。**主忠信：**以忠和信两种美德为主。**过：**过错。**惮：**害怕。

慎终，追远：慎待父母去世，追念远代祖先。意为对传统的尊重，是儒家重要的道德观念。**厚：**忠厚淳朴。

译文

孔子说：『君子不自重就没有威严，所学的知识也不会很扎实；要以忠信为原则，去主动结交比自己强的人；有了过错，就不要怕改正。』

曾子说：『慎重地对待父母的亡故，追念久远的祖先，百姓的道德就会厚淳。』

子禽問於子貢曰。夫子至於是邦也。必聞其政。求之與。抑與之與。子貢曰。夫子溫。良。恭。儉。讓。以得之。夫子之求之也。其諸異乎人之求之與。

原文

10 子禽问于子贡曰：『夫子至于是邦也，必闻其政，求之与？抑与之与？』子贡曰：『夫子温、良、恭、俭、让，以得之。夫子之求之也，其诸异乎人之求之与？』

注释

子禽：姓陈，名亢。子禽为其字。一说是孔子的学生，另一说不是。**子贡：**孔子的学生，姓端木，名赐。子贡为其字。**夫子：**古代对做过大夫者的一种敬称。在一定场合，用以特指孔子。**抑：**或者，还是。**温、良、恭、俭、让：**温和、善良、恭敬、节俭、谦逊。这是儒家倡导的与人相处的五种美德。**其诸：**语气词，表示不肯定，意为或者。

译文

子禽问子贡：『老师一到哪个国家，必然了解那个国家的政事，那是求来的呢？还是别人主动告诉他的呢？』子贡道：『老师是以温和、善良、严肃、节俭、谦逊的品德取得的。他老人家获得的方法，和别人获得的方法不相同吧？』

子曰。父在。觀其志。父没。觀其行。三年無改於父之道。可謂孝矣。

原文

11 子曰：『父在，观其志；父没，观其行。三年无改于父之道，可谓孝矣。』

注释

其：指儿子。**志**：志向。**没**：去世。

译文

孔子说：『当他父亲在世的时候，要观察他的志向；在他父亲去世后，要观察他的行为。若是他在他父亲死后三年内，不改变父亲所定的合理原则，这样的人可以说尽到孝了。』

有子曰。禮之用。和爲貴。先王之道。斯爲美。小大由之。有所不行。知和而和。不以禮節之。亦不可行也。

原文

12 有子曰：『礼之用，和为贵。先王之道，斯为美。小大由之。有所不行，知和而和，不以礼节之，亦不可行也。』

注释

和：合适恰当、恰如其分。这是儒家思想中的一个重要概念。**斯**：指代词，意为这个。**小大由之**：小事大事都做得恰到好处。**知和而和**：只知道为恰当而恰当。**节**：节制。

译文

有子说：『礼的作用，贵在使各种人事和谐相处。古代圣明君王的治理之道，可贵的地方就在这里。但不论大事小事只顾按和谐的办法去做，有的时候就行不通，（这是因为）为和谐而硬求和谐，不用一定规矩制度来加以节制，也是不可行的。』

有子曰。信近於義。言可復也。恭近於禮。遠恥辱也。因不失其親。亦可宗也。

子曰。君子食無求飽。居無求安。敏於事而慎於言。就有道而正焉。可謂好學也已。

原文

13 有子曰：『信近于义，言可复也；恭近于礼，远耻辱也；因不失其亲，亦可宗也。』

14 子曰：『君子食无求饱，居无求安，敏于事而慎于言，就有道而正焉，可谓好学也已。』

注释

复：实现、兑现。**远**：此作动词，使动用法，意为使之远离。**因**：凭借、依靠。**宗**：主，意为可靠。**敏于事而慎于言**：做事敏捷而说话谨慎。**就有道而正**：接近有道之人，匡正自己。

译文

有子说：『约言符合义理，所说的话就能兑现；态度容貌庄矜合于礼，就不致遭受侮辱；依靠关系深的人，凡事就可靠了。』

孔子说：『君子，用食不要求饱足，居住不要求舒适，做事勤劳敏捷，言谈谨慎，到有道的人那里去匡正自己，这样可以说是好学了。』

子貢曰。貧而無諂。富而無驕。何如。子曰。可也。未若貧而樂。富而好禮者也。

原文

15

子贡曰：『贫而无谄，富而无骄，何如？』子曰：『可也。未若贫而乐，富而好礼者也。』

注释

谄：谄媚。**骄**：骄横。

译文

子贡说：『贫穷却不阿谀奉承，富贵却不骄傲自大，做到这样算是怎么样了？』孔子说：『可以了。但不如虽贫穷却乐于道，虽富贵却谦虚好礼的人。』

子貢曰。詩云。如切如磋。如琢如磨。其斯之謂與。子曰。賜也。始可與言詩已矣。告諸往而知來者。

子曰。不患人之不己知。患不知人也。

原文

子贡曰：『诗云：「如切如磋，如琢如磨。」其斯之谓与？』子曰：『赐也，始可与言诗已矣！告诸往而知来者。』

16 子曰：『不患人之不己知，患不知人也。』

注释

诗：专指《诗经》。**如切如磋，如琢如磨：**切，开割；磋，糙锉；琢，精雕；磨，细磨。都是加工骨牙制品的工艺，比喻做事反复推敲。**赐：**子贡的名。孔子对学生都称名。**告诸往而知来者：**告诉过往的事，就知道将来的事。意为懂得举一反三。诸，此处用法同『之』。

患：害怕、担心。**己知：**『知己』的倒装，意为了解自己。

译文

子贡说：『《诗经》上说：「要像对待骨、角、象牙、玉石那样，先开料，再糙锉，细刻，然后磨光。」（做学问）就是这样的意思吧？』孔子说：『赐呀，现在可以同你讨论《诗经》了！说到过去，你就知道未来啊，你也可以举一反三了。』

孔子说：『不怕没人了解自己，就怕自己不了解别人。』

為政篇第二

这一篇中，有几段是值得玩味的。

首先，是有关“孝”的问题。孔子在与孟懿子、孟武伯及学生子游的交谈中，进一步阐发了“孝”的内涵。一是要做到“无违”，即父母活着，要好好对待；父母死了，要好好安葬，并按礼致祭追思。二是要理解父母对子女最大的担心，是子女的身体，所以子女的自我保重本身就是一种孝。三是真正的“孝”，是发自内心的和颜悦色的侍奉，叫作“色养”，如果像喂养畜生那样仅管其食饱，那是“食养”。其中第三点可谓是核心，指出了“孝”的真义，即使在当代仍有很大现实意义。

其次，是有关为政的问题。孔子教学生，经常谈到为政之道，说明儒学是一种入世的学术，与佛道不同。本篇中的开首，孔子就以北斗星作比，认为为政者首先要自我端正，才能使别人恭敬相从。这一点，孔子在其他地方也说了同样的话，如“其身正，不令而行；其身不正，虽令不从”。而为政的方法，孔子在第三段中指出：如果仅用刑法来约束，百姓虽会遵从，但无自耻之心；如果以德和礼来引导，百姓不仅会遵从，而且会有自耻之心，会起到自我约束的作用。这是强调了教化和德治的重要性。所以孔子随后又引出“孝悌”在施政中的重要意义。

再次，是有关君子之道的问题。这个问题孔子在《论语》中反复提到，而这里指出了“君子”的两个特点：一是“君子不器”，即君子不是以一技一艺来衡量的，而是以德性来看待的；二是君子不偏私、不结党，而小人正好相反。孔子对君子是非常看重的，认为好多人做不到“仁人”，更难做到“圣人”，但能够做到“君子”。这是对理想人格的一种塑造，在历史上发挥了很好的作用。

子曰。為政以德。譬如北辰居其所而衆星共之。

子曰。詩三百。一言以蔽之。曰。思無邪。

原文

01 子曰：『为政以德，譬如北辰居其所而众星共之。』

02 子曰：『诗三百，一言以蔽之，曰：「思无邪。」』

注释

北辰：北极星。**共：**通『拱』，围绕的意思。**诗三百：**《诗经》实有三百〇五首。此处『三百』是略举其整数。**蔽：**概括。**思无邪：**思想纯正。

译文

孔子说：『用道德来治国理政，好比自己居于北极星之位，别的星辰都自动环绕着它。』

孔子说：『《诗经》三百篇，用一句话来概括它，就是「思想纯正」。』

子曰。道之以政。齊之以刑。民免而無恥。道之以德。齊之以禮。有恥且格。

原文

03

子曰：『道之以政，齐之以刑，民免而无耻；道之以德，齐之以礼，有耻且格。』

注释

道之以政：以政法来引导。道，引导。**齐之以刑**：以刑罚来整治。齐，统领、整治。**免而无耻**：免于惩罚但内心没有耻辱感。**格**：归服。

译文

孔子说：『以政令来管理，以刑法来约束，百姓虽不敢犯罪，但没有廉耻之心。如果用道德来引导他们，使用礼教来约束他们，百姓不仅有廉耻之心，而且人心归服。』

子曰。吾十有五而志於學。三十而立。四十而不惑。五十而知天命。六十而耳順。七十而從心所欲。不踰矩。

原文

04

子曰：『吾十有五而志于学，三十而立，四十而不惑，五十而知天命，六十而耳顺，七十而从心所欲，不逾矩。』

注释

有：同『又』。**立**：意为能依循礼法，独立处世。**惑**：困惑。**天命**：中国传统哲学的重要概念，各家各派有不同的解释。孔子认为天命是一种有意志、有道德的力量，但不足畏，多抱自然对待的态度。**耳顺**：意为听得进种种意见，报以同情和理解。**从心所欲，不逾矩**：随心所欲，但从不超出规矩。

译文

孔子说：『我十五岁时，有志于学问；三十岁时，（依礼循法），独立处世；四十岁，（掌握了各种知识），不致迷惑；五十岁，得知天命之道；六十岁，听得进各种不同意见；到了七十岁，便随心所欲，任何做法都不越出规矩。』

孟懿子問孝。子曰。無違。

樊遲御。子告之曰。孟孫問孝於我。我對曰。無違。

樊遲曰。何謂也。子曰。生。事之以禮。死。葬之以禮。

祭之以禮。

原文

05

孟懿子问孝。子曰：『无违。』

樊迟御，子告之曰：『孟孙问孝于我，我对曰：无违。』樊迟曰：『何谓也？』子曰：『生，事之以礼；死，葬之以礼，祭之以礼。』

注释

孟懿子：鲁国的大夫，姓仲孙，名何忌，『懿』是其谥号。**无违：**不违背礼制。**樊迟：**孔子的学生，名须，字子迟。**御：**驾车。**孟孙：**即孟懿子。

译文

孟懿子向孔子请教孝道。孔子说：『不要违背礼制。』

樊迟替孔子赶车，孔子便告诉他说：『孟孙向我请教孝道，我答复说，不要违背礼制。』

樊迟说：『这是什么意思？』孔子说：『父母活着，依规定的礼制侍奉他们；父母亡故，按礼安葬、按礼祭祀他们。』

孟武伯問孝。子曰。父母唯其疾之憂。

子游問孝。子曰。今之孝者。是謂能養。至於犬馬。皆能有養。不敬。何以別乎。

原文

06 孟武伯问孝。子曰：『父母唯其疾之忧。』

07 子游问孝。子曰：『今之孝者，是谓能养。至于犬马，皆能有养；不敬，何以别乎？』

注释

孟武伯：孟懿子的儿子，姓仲孙，名彘，『武』是其谥号。**子游：**孔子的学生，姓言，名偃，字子游。**养：**读去声，此指物质生活上的赡养，主要是口腹之喂养。**至于：**延伸至。**敬：**此指发自内心的恭敬。

译文

孟武伯向孔子请教孝道。孔子道：『做父母的最担心子女生病，（因为身体最为重要）。』

子游请教孝道。孔子说：『现在的所谓孝，只求能够养活爹娘便行了。（如果是那样），犬马都能够得到饲养；若不存心严肃地孝顺父母，那和饲养犬马有什么分别呢？』

子夏問孝。子曰。色難。有事。弟子服其勞。有酒食。先生饌。曾是以為孝乎。

子曰。吾與回言終日。不違。如愚。退而省其私。亦足以發。回也不愚。

原文

08 子夏问孝。子曰：『色难。有事，弟子服其劳；有酒食，先生馔，曾是以为孝乎？』

09 子曰：『吾与回言终日，不违，如愚。退而省其私，亦足以发，回也不愚。』

注释

色难：一直保持侍候父母时的愉悦容色是件难事。**弟子**：此指子女辈。**服其劳**：服侍效劳。**食**：旧读去声，音sì，指食物。**先生**：此指父兄。**馔**：音zhuàn，指吃喝。**曾**：音céng，副词，竟然。

回：即颜回，字子渊，故又以『颜渊』称。是孔子最得意的学生，被后世尊为『复圣』。**违**：违拗。**省其私**：省察其私意。**发**：发挥、发扬。

译文

子夏请教孝道。孔子道：『子女在父母面前始终保持和颜悦色是件难事。有事情，年轻人效劳；有酒有肴，让年长的人先食用，难道这就是孝吗？』

孔子说：『我整天和颜回谈学，他从不提反对意见和疑问，像个愚者。等他退回去自己研究，却也能发挥，可见颜回并不愚蠢。』

子曰。視其所以。觀其所由。察其所安。人焉廋哉。人焉廋哉。

子曰。温故而知新。可以爲師矣。

原文

10 子曰：『视其所以，观其所由，察其所安。人焉廋哉？人焉廋哉？』

11 子曰：『温故而知新，可以为师矣。』

注释

视其所以：考察他所结交的。**观其所由：**观看他所践行的。**察其所安：**了解他所安顿的。**廋：**音sōu，隐藏、逃匿。**温故而知新：**温习旧知识，能有新发现。

译文

孔子说：『考察他的交友之道，观察他的做事之法，体察他的安心之境。那么，这个人怎样隐藏得住呢？这个人怎样隐藏得住呢？』

孔子说：『在温习旧知识时，能有新体会、新发现，就可以做老师了。』

子曰。君子不器。

子貢問君子。子曰。先行其言而後從之。

子曰。君子周而不比。小人比而不周。

原文

12 子曰：『君子不器。』

13 子贡问君子。子曰：『先行其言而后从之。』

14 子曰：『君子周而不比，小人比而不周。』

注释

君子不器：君子不应像具体的器皿，只具备各自独特的用途。意为君子应有通识之才。器，器皿，此处作动词。**先行其言而后从之：**先践行所要说的，然后再表达出来。**周而不比：**团结而不是勾结。周，以道义团结人。比，音bì，以利益笼络勾结人。**小人：**与君子相对。有两义：一指品德低劣的人，另一指地位低下或无官阶的人。此处指前者。

译文

孔子说：『君子不应像器皿一般，只有一种用途。』

子贡问怎样才能做一个君子。孔子道：『先将你想说的先做出来，然后再说出来，（这就可以说是一个君子了）。』

孔子说：『君子讲团结，而不搞勾结；小人搞勾结，而不讲团结。』

子曰。學而不思則罔。思而不學則殆。

子曰。攻乎異端。斯害也已。

子曰。由。誨女知之乎。知之爲知之。不知爲不知。是知也。

原文

15 子曰：『学而不思则罔，思而不学则殆。』

16 子曰：『攻乎异端，斯害也已。』

17 子曰：『由！诲女知之乎！知之为知之，不知为不知，是知也。』

注释

罔：迷茫，意为昏而无得。**殆**：危险，意为危而不安。**异端**：此指与孔子相左的不正确的言论。**斯害**：这种祸害。斯，代词。**已**：停止，意为消灭。**由**：仲由，字子路，孔子的学生。**诲女**：教你。诲，教导。女，同『汝』。

译文

孔子说：『只是读书，却不思考，就会迷惑；只是苦思，却不读书，就会丧失信心。』

孔子说：『批判那些不正确的议论，祸害就可以消灭了。』

孔子说：『由！教给你对待知或不知的正确态度吧！知道就是知道，不知道就是不知道，这就是求知的真谛。』

子張學干祿。子曰。多聞闕疑。慎言其餘。則寡尤。多見闕殆。慎行其餘。則寡悔。言寡尤。行寡悔。祿在其中矣。

原文

18

子张学干禄。子曰：『多闻阙疑，慎言其余，则寡尤；多见阙殆，慎行其余，则寡悔。言寡尤，行寡悔，禄在其中矣。』

注释

子张：孔子的学生，姓颛孙，名师，字子张。**干禄：**求官职得俸禄。干，求。**阙疑：**保留怀疑的地方。**寡尤：**少有过错。**阙殆：**与『阙疑』义同。**寡悔：**少有懊悔。

译文

子张向孔子问为官之道。孔子说：『多听，有怀疑的地方加以保留，谨慎地说出其余足以自信的部分，就能减少错误；多看，有怀疑的地方加以保留，谨慎地实行其余足以自信的部分，就能减少懊悔。说话少过失，做事少后悔，官职俸禄就在这里面了。』

哀公問曰。何為則民服。孔子對曰。舉直錯諸枉。則民服。舉枉錯諸直。則民不服。

原文

19 哀公问曰：『何为则民服？』孔子对曰：『举直错诸枉，则民服；举枉错诸直，则民不服。』

注释

哀公：即鲁哀公，鲁国君主，姓姬，名蒋，定公之子。**服：**服从。**举直错诸枉：**推举正直者于曲阿者之上。『直』与『枉』相对，前者指正直之人，后者指曲阿之人。错，同『措』，放置的意思。**举枉错诸直：**推举曲阿者于正直者之上。与『举直错诸枉』相反。

译文

鲁哀公问道：『要怎样做事才能使百姓服从呢？』孔子答道：『把正直的人提拔出来，放在曲阿的人之上，百姓就服从了；若是把曲阿的人提拔出来，放在正直的人之上，百姓就会不服从。』

季康子問。使民敬。忠以勸。如之何。子曰。臨之以莊。則敬。孝慈。則忠。舉善而教不能。則勸。

原文

20 季康子问：『使民敬、忠以劝，如之何？』子曰：『临之以庄，则敬；孝慈，则忠；举善而教不能，则劝。』

注释

季康子：即季孙肥，鲁哀公时的正卿，是当时鲁国最有权势的人。**以：**连词，和的意思。**劝：**劝勉。**庄：**庄严、持重。**举善而教不能：**推举好人，教育能力低下之人。

译文

季康子问：『要使人严肃恭敬、尽心竭力和互相勉励，应该怎么办呢？』孔子说：『你对待人民的事情严肃认真，他们对待你的政令也会恭敬执行；你孝顺父母，慈爱幼小，他们也就会对你尽心竭力；你任用贤良，培养人才，就能使人勤勉。』

或謂孔子曰。子奚不為政。子曰。書云。孝乎惟孝。友於兄弟。施於有政。是亦為政。奚其為為政。

子曰。人而無信。不知其可也。大車無輗。小車無軏。其何以行之哉。

原文

21 或谓孔子曰：『子奚不为政？』子曰：『书云：「孝乎惟孝，友于兄弟，施于有政。」是亦为政，奚其为为政？』

22 子曰：『人而无信，不知其可也。大车无輗，小车无軏，其何以行之哉？』

注释

或：有人。**奚**：为何。**书**：专指《尚书》。**奚其为为政**：何必定要做官才是为政。**輗**：音ní，古代牛车车辕横木上的关键。**軏**：音yuè，古代马车车辕横木上的关键。

译文

有人对孔子说：『你为什么不参与政治？』孔子道：『《尚书》上说：「孝顺父母、友爱兄弟，把这种风气影响到国家政治上去。」这也就是参与政治了，为什么只有做官才算参与政治呢？』

孔子说：『一个人如不讲诚信，不知如何才能立身处世。譬如大车没有安横木的輗，小车没有安横木的軏，如何能走呢？』

子張問。十世可知也。子曰。殷因於夏禮。所損益。可知也。周因於殷禮。所損益。可知也。其或繼周者。雖百世。可知也。

子曰。非其鬼而祭之。諂也。見義不為。無勇也。

原文

23 子张问：『十世可知也？』子曰：『殷因于夏礼，所损益，可知也；周因于殷礼，所损益，可知也。其或继周者，虽百世，可知也。』

24 子曰：『非其鬼而祭之，谄也。见义不为，无勇也。』

注释

十世：指自今以后的十代。**殷因于夏礼**：商代沿袭夏代的礼制。因，沿袭。**损益**：废除和增加。**鬼**：古时认为人死后灵魂不死，称之为『鬼』。此处专指祖先之灵。**祭**：指吉祭，是一种祈福行为，与凶祭的『奠』不同。

译文

子张问：『十代以后（的礼仪制度）可以预先知道吗？』孔子说：『殷朝沿袭夏朝的礼仪制度，所废除的，所增加的，是可以知道的；周朝沿袭殷朝的礼仪制度，所废除的，所增加的，也是可以知道的。那么，假定有继承周朝而当政的人，即使以后一百代，也是可以预先知道的。』

孔子说：『不是自己应该祭祀的鬼神，却去祭祀，这是献媚。遇到符合道义的事情，却袖手旁观，这是怯懦。』

八佾篇第三

○

本篇看似散乱，但核心是谈礼乐的问题。

“礼”与“乐”是周代以来确定的士大夫以上子弟必修的“六艺”中的两艺，前者讲的是各种“礼仪”，后者讲的是各种“音乐”。“礼乐”之所以合称，是因当时在祭祀、朝会、宴聚等活动中，经常相互配联，什么样的礼要奏什么样的乐，以显示等级秩序。

孔子是非常强调“礼”的，而且时时不忘恢复“周礼”，是因为他所处的春秋时期，周王朝衰微，诸侯雄起，后来卿大夫乃至家臣又僭越把持国政，造成了整个社会的极大混乱，也就是史家常说的“礼崩乐坏”。面对这种情况，孔子忧心忡忡，力图通过重振“礼乐”，恢复社会的有序状态。

正是因为这样，本篇开首谈到鲁国大夫季氏在家里用周天子才能享用的“八佾”之舞，孔子愤怒地说：“是可忍，孰不可忍！”认为这是一种极大的僭越行为，是应该受到谴责的。

孔子接着感叹：“人而不仁，如礼何？”实际提出了“仁”与“礼”的关系，即认为人如果没有“仁爱”之心，那么礼仪怎么能够守得住？由此引出了孔子思想中最为重要的概念“仁”，在以后的《论语》各篇中经常谈到。

另外，孔子在本篇中借林放之问，谈到了“礼之本”的问题，非常值得重视。他认为礼仪与其奢侈，不如节俭；尤其是丧礼，与其烦琐，不如真正表达内心的悲戚。也就是说，“礼仪”是必要的，但重在真心表达，不能本末倒置。这一点，后来强调“隆礼”的士大夫没有理解孔子这层意思，而民间在丧葬上的奢靡之风，更是一种陋习。

孔子謂季氏。八佾舞於庭。是可忍也。孰不可忍也。

三家者以雍徹。子曰。相維辟公。天子穆穆。奚取於三家之堂。

原文

01 孔子谓季氏，『八佾舞于庭，是可忍也，孰不可忍也？』

02 三家者以雍彻。子曰：『「相维辟公，天子穆穆」，奚取于三家之堂？』

译文

孔子谈到季氏时说：『他在家中享用天子专属的舞蹈音乐，这种僭越之事都可以狠心做出来，那还有什么事他们不敢做出来呢？』

仲孙、叔孙、季孙三家，当他们祭祀祖先时，也唱诵着天子专属的《雍》篇来撤除祭品。孔子说：『《雍》诗有言：「相为辟公，天子穆穆。」用这两句话来对照，那三家的祭祖之法还有什么可取之处呢？』

注释

季氏：鲁国大夫季氏家族，当时权倾一时，逼迫鲁公室。**八佾**：古代的一种音乐舞蹈，八人为一行，称『佾』（音 yì）。八佾是八行，共计八八六十四人。八佾为天子专用，他人采用皆为僭越，被视为有觊觎之心。**忍**：此指忍心可为。**孰**：如何，疑问词。**三家**：即仲孙、叔孙、季孙，是当时鲁国当政的三卿。**雍**：也写作『雝』，《诗经·周颂》的一篇。古时为天子祭祀撤除祭品时所诵，他人采用被视为僭越。**相维辟公**：相，助祭；维，语助词；辟公，指诸侯。**天子穆穆**：天子，在中国指拥有天下的最高统治者，因其自认为权力来自上天所授，故称为『天子』。穆穆，庄严静穆的样子。

子曰。人而不仁。如禮何。人而不仁。如樂何。

林放問禮之本。子曰。大哉問。禮。與其奢也寧儉。喪。與其易也寧戚。

原文

03 子曰：『人而不仁，如礼何？人而不仁，如乐何？』

04 林放问礼之本。子曰：『大哉问！礼，与其奢也，宁俭；丧，与其易也，宁戚。』

注释

如礼何：如何对待礼制。是『于礼如何』的变化句式。以下『如乐何』同此。**林放：**鲁国人。**奢：**奢侈、铺张。**丧：**丧礼。**易：**治办，引申为仪式周到。**戚：**哀伤。

译文

孔子说：『作为人却无仁心，怎样来对待礼仪制度呢？作为人却无仁心，怎样来对待音乐呢？』

林放问礼的本质。孔子说：『你的问题意义重大呀！就一般礼仪说，与其繁文缛节，宁可朴素俭约；就丧礼说，与其仪式周到，不如真心悲戚。』

子曰。夷狄之有君。不如諸夏之亡也。

季氏旅於泰山。子謂冉有曰。女弗能救與。對曰。

不能。子曰。嗚呼。曾謂泰山不如林放乎。

原文

05 子曰：『夷狄之有君，不如诸夏之亡也。』

06 季氏旅于泰山。子谓冉有曰：『女弗能救与？』对曰：『不能。』子曰：『呜呼！曾谓泰山不如林放乎？』

译文

孔子说：『偏远的外邦小国即使有君主，也比不上中原各国没有君主。』

季氏要去祭祀泰山。孔子对冉有说：『你不能阻止吗？』冉有答道：『不能。』孔子道：『哎呀！竟可以说泰山之神还不及林放吗？』

注释

夷狄：古代指处于边陲的少数民族，也常指文化落后的诸侯国。**君：**君主、首领。**诸夏：**地处中原的华夏诸族。**亡：**通『无』。此喻中原虽有君王实无君臣的秩序。**旅：**意为祭祀。**冉有：**孔子的学生，姓冉，名求，字子有。当时在季氏手下做事。

子曰。君子無所争。必也射乎。揖讓而升。下而飲。其争也君子。

原文

07 子曰：『君子无所争。必也射乎！揖让而升，下而饮。其争也君子。』

注释

射：射箭，古代『六艺』之一，有专门的礼制。**君子**：此处指懂得礼法的人。

译文

孔子说：『君子没有什么可争的事情。如果必有所争，一定是比箭吧！赛前相互作揖行礼，然后登台；射箭完毕，走下台来，互相举杯饮酒致敬。这样的一种竞争是很有君子风范的。』

子夏問曰。巧笑倩兮。美目盼兮。素以爲絢兮。何謂也。子曰。繪事後素。曰。禮後乎。子曰。起予者商也。始可與言詩已矣。

原文

08

子夏问曰：『「巧笑倩兮，美目盼兮，素以为绚兮。」何谓也？』子曰：『绘事后素。』曰：『礼后乎？』子曰：『起予者商也！始可与言诗已矣。』

注释

倩：面容娇美。**盼：**黑白分明。**绚：**文采。**绘事后素：**是『绘事后于素』之略，即先有洁白的底子，然后才能画图。**起：**启发的意思。**予：**我。**商：**子夏之名。

译文

子夏问道：『《诗经》里说「精巧的笑脸美呀，美丽的眼睛流转得媚呀，洁白的底子上画着花卉呀。」这几句诗是什么意思？』孔子道：『先有白色底子，然后才能绘画。』子夏问：『那么，是不是礼乐的产生在（仁义）之后呢？』孔子道：『卜商呀，你真是能启发我的人，现在可以同你讨论《诗经》了。』

子曰。夏禮。吾能言之。杞不足徵也。殷禮。吾能言之。宋不足徵也。文獻不足故也。足。則吾能徵之矣。

原文

09

子曰：『夏礼，吾能言之，杞不足征也；殷礼，吾能言之，宋不足征也。文献不足故也。足，则吾能征之矣。』

注释

杞：诸侯国名，夏禹的后代。**征**：同『证』，证据。**宋**：春秋时期的诸侯国名，商汤的后代。

译文

孔子说：『夏朝的礼，我能说清楚，它的后代杞国不足以作证；商朝的礼，我能说清楚，它的后代宋国不足以作证。这是由于文献不够的缘故。若有足够的历史文献，我就可以引来作证了。』

子曰。禘自既灌而往者。吾不欲觀之矣。

或問禘之說。子曰。不知也。知其說者之於天下也。其如示諸斯乎。指其掌。

原文

10 子曰：『禘自既灌而往者，吾不欲观之矣。』

11 或问禘之说。子曰：『不知也；知其说者之于天下也，其如示诸斯乎！』指其掌。

注释

禘：一种祭祖的大礼，向为天子专用。**灌**：本作『祼』，祭祀中的一个节目。**说**：意为理论、历史情况。**示**：一说同『置』，放置的意思。另一说同『视』。

译文

孔子说：『现在天子举行的祭祖礼仪，从第一次献酒以后，我就看不下去了。』

有人向孔子请教关于禘祭的规定。孔子说：『我不知道；知道的人对于治理天下，就如看自己手掌里的东西一样容易吧！』说完指着手掌。

祭如在。祭神如神在。子曰。吾不與祭。如不祭。

王孫賈問曰。與其媚於奧。寧媚於竈。何謂也。

子曰。不然。獲罪於天。無所禱也。

原文

12 祭如在，祭神如神在。子曰：『吾不与祭，如不祭。』

13 王孙贾问曰：『与其媚于奥，宁媚于灶，何谓也？』

子曰：『不然！获罪于天，无所祷也。』

注释

祭如在：祭祀时要视被祭者如真的存在一样。**与**：亲自参加。**王孙贾**：卫灵公的大臣。**奥**：堂屋的西南角，古时多为灶台所在之处。**灶**：灶台，古时认为有神灵，故每年夏季要祭拜。

译文

孔子祭祀祖先的时候，便好像祖先真在那里；祭神的时候，便好像神真在那里。孔子说：『我若是不能亲自参加祭祀，那还不如不祭。』

王孙贾问道：『「与其巴结堂屋里西南角的神，不如巴结灶君司命」，在您看来这句话有道理吗？』孔子说：『不对！若是得罪了上天，祈祷也没用。』

子曰。周監於二代。郁郁乎文哉。吾從周。

子入太廟。每事問。或曰。孰謂鄹人之子知禮乎。入太廟。每事問。子聞之。曰。是禮也。

原文

14 子曰：『周监于二代，郁郁乎文哉！吾从周。』

15 子入太庙，每事问。或曰：『孰谓鄹人之子知礼乎？入太庙，每事问。』子闻之，曰：『是礼也。』

注释

周：周代，是孔子推崇的理想朝代。**监**：视，意为延续。**二代**：指夏、商二代。**太庙**：古指开国之君的太祖之庙，此指周公之庙。**鄹人**：指孔子之父叔梁纥。因其在鄹做过大夫，故名。鄹，音zōu。

译文

孔子说：『周朝的礼仪制度是以夏商两代为根据，然后制定的，多么丰富多彩呀！我赞同周礼。』孔子到了太庙，每件事情都发问。有人便说：『谁说叔梁纥的儿子懂得礼呢？他到了太庙，每件事都要向别人请教。』孔子听到了这话，便说：『这正是礼呀！』

子曰。射不主皮。為力不同科。古之道也。

子貢欲去告朔之餼羊。子曰。賜也。爾愛其羊。我愛其禮。

原文

16 子曰：『射不主皮，为力不同科，古之道也。』

17 子贡欲去告朔之饩羊。子曰：『赐也！尔爱其羊，我爱其礼。』

译文

孔子说：『比箭，不一定要穿破箭靶子，因为各人的力气大小不同，这是古时的比武之道。』

子贡要把鲁国每月初一告祭祖庙时省去献祭活羊而不用。孔子道：『赐呀！你爱惜的是那只羊，我惋惜的是那种礼。』

注释

射不主皮：射箭不以穿破箭靶为主。皮，用皮革做的靶子。**为**：读去声，因为。**科**：等级。**去**：古读上声，意为舍去。**告朔**：古代朝廷的一种庙祭。告，音gù。**饩羊**：活羊。饩，音xì。

子曰。事君盡禮。人以為諂也。

定公問。君使臣。臣事君。如之何。

孔子對曰。君使臣以禮。臣事君以忠。

原文

18 子曰：『事君尽礼，人以为谄也。』

19 定公问：『君使臣，臣事君，如之何？』孔子对曰：『君使臣以礼，臣事君以忠。』

注释

尽礼：尽心尽力按礼行事。**定公：**鲁国国君，名宋，昭公之弟，继昭公而立。**使：**役使、差遣。

译文

孔子说：『臣子按礼制尽力服事君主，别人却以为他在谄媚哩。』

鲁定公问：『君主使用臣子，臣子服事君主，各应该怎么办？』孔子答道：『君主应该依礼来使用臣子，臣子应该忠心地服事君主。』

子曰。關雎。樂而不淫。哀而不傷。

哀公問社於宰我。宰我對曰。夏后氏以松。殷人以柏。周人以栗。曰。使民戰栗。子聞之。曰。成事不說。遂事不諫。既往不咎。

原文

20 子曰：『关雎，乐而不淫，哀而不伤。』

21 哀公问社于宰我。宰我对曰：『夏后氏以松，殷人以柏，周人以栗，曰，使民战栗。』子闻之，曰：『成事不说，遂事不谏，既往不咎。』

注释

关雎：《诗经》中的第一篇。**淫：**放荡而无节制。**社：**祭土神的木主。**宰我：**孔子的学生，名予，字子我。**遂事不谏：**已完结的事不必再挽救。

译文

孔子说：『《关雎》这首诗，欢乐而不放荡，哀愁而不伤身。』

鲁哀公向宰我请教做社主用什么木。宰我答道：『夏朝用松木，殷朝用柏木，周朝用栗木，意思是使人民战战栗栗。』孔子听到了这话，（责备宰我）说：『已经做了的事不便再解释了，已经完结的事不便再挽救了，已经过去的事不便再追究了。』

子曰。管仲之器小哉。

或曰。管仲儉乎。曰。管氏有三歸。官事不攝。焉得儉。

然則管仲知禮乎。曰。邦君樹塞門。管氏亦樹塞門。邦君為兩君之好。有反坫。管氏亦有反坫。管氏而知禮。孰不知禮。

原文

22

子曰：『管仲之器小哉！』

或曰：『管仲俭乎？』曰：『管氏有三归，官事不摄，焉得俭？』

『然则管仲知礼乎？』曰：『邦君树塞门，管氏亦树塞门。邦君为两君之好，有反坫，管氏亦有反坫。管氏而知礼，孰不知礼？』

注释

管仲：名夷吾。春秋时齐桓公的宰相，助齐桓公称霸于诸侯。**三归**：指大量的田租。**摄**：兼差。**邦君**：即国君。**塞门**：立于门内用以阻隔内外视线的东西，形如今天的玄关或屏风。**两君之好**：意为邦交友好。**反坫**：堂上放置酒杯的设备。坫，音diàn。

译文

孔子说：『管仲的器量狭小得很呀！』有人便问：『管仲是不是很节俭呢？』孔子道：『他收取了人民大量的田租，他手下的人员，从不兼差，如何能说是节俭呢？』（那人又问：）『那么，管仲懂得礼制吗？』孔子答：『国君宫殿门前立了一个屏风，管氏门前也立了个屏风。国君设宴招待外国君主，在堂上有放置酒杯的设备，管氏也有这样的设备。假若说他懂得礼制，那谁不懂得礼制呢？』

子語魯大師樂。曰。樂其可知也。始作。翕如也。從之。純如也。皦如也。繹如也。以成。

原文

23 子语鲁大师乐，曰：『乐其可知也：始作，翕如也；从之，纯如也，皦如也，绎如也，以成。』

注释

大师：乐官之长。大，同『太』。**翕如**：徐徐舒张的样子。翕，音xī。**从之**：意为随后。从，音zòng。**纯如**：纯和的样子。**皦如**：清朗的样子。皦，音jiǎo。**绎如**：绵延不绝的样子。

译文

孔子把奏乐之理告之鲁国的太师，说道：『奏乐，是可以弄懂章法的：开始演奏时，徐徐舒张；继续下去，纯然和谐，清朗明快，绵延不绝，然后完成。』

儀封人請見。曰。君子之至於斯也。吾未嘗不得見也。從者見之。出曰。二三子何患於喪乎。天下之無道也久矣。天將以夫子為木鐸。

24

原文

仪封人请见，曰：『君子之至于斯也，吾未尝不得见也。』从者见之。出曰：『二三子何患于丧乎？天下之无道也久矣，天将以夫子为木铎。』

注释

仪封人：仪，地名。封人，官名。**请见：**请求接见。此『见』和下文『见之』之『见』，古时都读作『现』（音xiàn）。**从者：**随行之人。**二三子：**诸位小子的意思。**丧：**音sàng，意为失去官职。**木铎：**一种铜质木舌的铃，用于召集公众聚会之用。此喻指领袖和导师。

译文

仪地的边防官请求孔子接见他，说道：『所有到了此地的有道德学问的人，我都是要见一见的。』孔子的随行学生请求孔子接见了他。此人见完孔子后，出来对孔子的学生说道：『你们这些人为什么着急没有官位呢？天下无道很久了，老天是要你们的老师成为号令天下的圣人啊！』

子謂韶。盡美矣。又盡善也。謂武。盡美矣。未盡善也。

子曰。居上不寬。爲禮不敬。臨喪不哀。吾何以觀之哉。

原文

25 子谓韶，『尽美矣，又尽善也』。谓武，『尽美矣，未尽善也』。

26 子曰：『居上不宽，为礼不敬，临丧不哀，吾何以观之哉？』

注释

韶：韶乐，传说为舜帝时的乐曲名。

武：传说为周武王时的乐曲名。

居上不宽：处于统治地位却不宽容。

译文

孔子谈到《韶》乐，说：『简直是尽善尽美啊！』谈到《武》乐，说：『可谓尽美了，却还未达到尽善！』

孔子说：『居于统治地位不宽宏大量，行礼的时候不严肃恭敬，参加丧礼的时候不悲哀，这种样子我怎么看得下去呢？』

里仁篇第四

○

本篇中有许多名句，现择几句精彩的看看孔子的思想。

一、“里仁为美。”孔子一贯强调“仁”的重要性，所以认为择处安居也要与仁人为邻，这样才能提升自己的道德品质。

二、“富与贵，是人之所欲也，不以其道得之，不处也；贫与贱，是人之所恶也，不以其道得之，不去也。”这是孔子的富贵观、贫贱观，对今天的人们仍有重要的启发意义。

三、“朝闻道，夕死可矣。”这里说到的“道”，是我国先秦思想家中经常提到的重要概念，有多重意义。在孔子这里，我们认为应是指世界的本质，当然是道德意义上的本质。在孔子看来，认识到这一点，生命的长度并不重要。

四、“夫子之道，忠恕而已矣。”这句话出自孔子学生曾参之口，道出了孔子最典型的伦理思想，即“忠恕之道”。后来孔子对此做了进一步的解释，称“忠恕之道”实则是“己所不欲，勿施于人”。在春秋霸道横行之时，能坚持这种理想，是非常难得的。

五、“君子喻于义，小人喻于利。”这句话奠定了儒家的“义利观”，在中国历史上产生了很大影响。有人认为它造成了义与利的冲突，对中国社会的发展产生了消极作用。但结合孔子在其他地方的言论，其实不然。孔子是强调“以道处之”“以道去之”的，义与利只要用原则安顿，并不矛盾。

六、“父母之年，不可不知也。一则以喜，一则以忧。”这里的意义是：父母高寿固然高兴，但父母年长也意味着随时可能离世，所以同时又心存忧虑。这对现在中年以上的人来说，可谓是切肤之言。

子曰。里仁為美。擇不處仁。焉得知。

子曰。不仁者不可以久處約。不可以長處樂。仁者安仁。知者利仁。

原文

01 子曰：『里仁为美。择不处仁，焉得知？』

02 子曰：『不仁者不可以久处约，不可以长处乐。仁者安仁，知者利仁。』

注释

里仁：居住在有仁德的地方。里，意为居住。**知**：同『智』，意为明智。**约**：穷困。**仁者安仁，知者利仁**：仁德之人安于仁，聪明之人利用仁。

译文

孔子说：『与品德高尚的人为邻是最好不过的事。选择住处，没有仁德，怎么能算是聪明呢？』

孔子说：『不仁的人不能长久地居于穷困中，也不能长久地居于安乐中。有仁德的人能够安于仁的状态，聪明的人能够把仁的价值发挥得更大。』

子曰。唯仁者能好人。能恶人。

子曰。苟志於仁矣。無恶也。

原文

03 子曰：『唯仁者能好人，能恶人。』

04 子曰：『苟志于仁矣，无恶也。』

注释

好：喜好。读去声，作动词。**恶**：厌恶。音wù，作动词。**苟**：假如。**恶**：意为坏处。

译文

孔子说：『只有仁人才能（好恶分明），既能正确地爱人，也懂得什么人该厌恶。』

孔子说：『假如立定志向实行仁德，那就不会为非作歹。』

子曰。富與貴。是人之所欲也。不以其道得之。不處也。貧與賤。是人之所惡也。不以其道得之。不去也。君子去仁。惡乎成名。君子無終食之間違仁。造次必於是。顛沛必於是。

原文

05

子曰：『富与贵，是人之所欲也，不以其道得之，不处也；贫与贱，是人之所恶也；不以其道得之，不去也。君子去仁，恶乎成名？君子无终食之间违仁，造次必于是，颠沛必于是。』

注释

处：意为接近、获取。**去**：意为抛开、离开。**恶**：音wū，疑问词，如何。**造次**：仓促匆忙。**颠沛**：颠沛流离。

译文

孔子说：『发财与做官，这是人人所向往的，不以正当的方法去获得，君子不会接受；穷困和下贱，这是人人所厌恶的；不以正当的方法去改变，君子不会摆脱。君子抛弃了仁德，怎样去成就他的名声呢？君子没有在一餐饭之间离开过仁德，即使在仓促匆忙之时也是如此，即使在颠沛流离之时也一定和仁德同在。』

子曰。我未見好仁者。惡不仁者。好仁者。無以尚之。惡不仁者。其為仁矣。不使不仁者加乎其身。有能一日用其力於仁矣乎。我未見力不足者。蓋有之矣。我未之見也。

原文

06

子曰：『我未见好仁者，恶不仁者。好仁者，无以尚之；恶不仁者，其为仁矣，不使不仁者加乎其身。有能一日用其力于仁矣乎？我未见力不足者。盖有之矣，我未之见也。』

注释

尚：同『上』，作动词，意为超过。

盖：副词，意为大概。

译文

孔子说：『我没见过真正喜欢仁德、厌恶不仁德的人。那种喜欢仁德的人，自然高尚无比；那种厌恶不仁德的人，他的行仁只是不让自己沾上不仁之气。现在有人肯花一天时间尽心求仁的吗？反正我没见过在求仁方面有能力不足的。可能有，但我没见过罢了。』

子曰。人之過也。各於其黨。觀過。斯知仁矣。

子曰。朝聞道。夕死可矣。

子曰。士志於道。而恥惡衣惡食者。未足與議也。

原文

07 子曰：『人之过也，各于其党。观过，斯知仁矣。』

08 子曰：『朝闻道，夕死可矣！』

09 子曰：『士志于道，而耻恶衣恶食者，未足与议也。』

注释

党：意为类型。**仁**：此处同『人』。**道**：此处意为人生的真谛。**士**：先秦时期属贵族阶层，是卿大夫的家臣。后泛指知识分子或有文化的精英，为『四民』之一。**恶衣恶食**：破衣粗粮，意为生活贫困。

译文

孔子说：『人的过错，各不相同。仔细考察某人所犯的过错，就可以知道他是什么样的人了。』

孔子说：『我如能早晨得知真理，晚上死也值得。』

孔子说：『读书人有志于追求真理，但又以自己吃粗粮、穿破衣为耻辱，这种人，不值得同他交谈。』

子曰。君子之於天下也。無適也。無莫也。義之與比。

子曰。君子懷德。小人懷土。君子懷刑。小人懷惠。

子曰。放於利而行。多怨。

原文

10 子曰：『君子之于天下也，无适也，无莫也，义之与比。』

11 子曰：『君子怀德，小人怀土；君子怀刑，小人怀惠。』

12 子曰：『放于利而行，多怨。』

注释

无适：无所适从，意为不分亲疏。**无莫：**无所肯定，意为无可无不可。**义之与比：**道理与此相同。**怀德：**心怀道德。**怀土：**心怀乡土。**怀刑：**心怀法度。**怀惠：**心怀恩惠。**放：**音fǎng，意为依据。

译文

孔子说：『君子对于天下的事，不刻意强求对错，也不无故反对，只要合理恰当，按道义行事即可。』

孔子说：『君子心怀道德，小人心怀乡土；君子关心法度，小人关心恩惠。』

孔子说：『依据个人利益而行动，会招致很多的怨恨。』

子曰。能以禮讓為國乎。何有。不能以禮讓為國。如禮何。

子曰。不患無位。患所以立。不患莫己知。求為可知也。

原文

13 子曰：『能以礼让为国乎？何有？不能以礼让为国，如礼何？』

14 子曰：『不患无位，患所以立。不患莫己知，求为可知也。』

注释

为国：治国。**何有**：有什么困难。

立：同『位』，意为任职。**莫己知**：『莫知己』的倒装。

译文

孔子说：『能用礼让来治理国家吗？这有什么困难呢？如果不能用礼让来治理国家，又怎样来对待礼仪呢？』

孔子说：『不担心没有职位，只担心没有任职的本领；不担心没有人知道自己，只要去追求足以使别人知道自己的本领就行了。』

子曰。參乎。吾道一以貫之。曾子曰。唯。子出。門人問曰。何謂也。曾子曰。夫子之道。忠恕而已矣。

原文

15

子曰：『参乎！吾道一以贯之。』曾子曰：『唯。』

子出，门人问曰：『何谓也？』曾子曰：『夫子之道，忠恕而已矣。』

注释

参：即曾子。**一以贯之**：自始至终相统贯。**唯**：语气词，表示答应。**忠恕**：忠诚和宽恕。这是儒家倡导的重要伦理思想。

译文

孔子说：『曾参呀！我的学说始终贯穿着一个基本观念。』

曾子说：『是。』

孔子走出去后，别的学生便问曾子道：『这是什么意思？』

曾子说：『他老人家的思想核心，就是忠诚和宽恕罢了。』

子曰。君子喻於義。小人喻於利。

子曰。見賢思齊焉。見不賢而内自省也。

原文

16 子曰："君子喻于义，小人喻于利。"

17 子曰："见贤思齐焉，见不贤而内自省也。"

注释

喻：知晓、懂得。**贤**：本义为顺从、能干、多才，后多指品德高尚。

译文

孔子说："君子懂得的是道义，小人懂得的是私利。"

孔子说："看见贤人，便应该要努力向他看齐；看见不贤的人，便应该自我反省。"

子曰。事父母幾諫。見志不從。又敬不違。勞而不怨。

子曰。父母在。不遠遊。遊必有方。

子曰。三年無改於父之道。可謂孝矣。

原文

18 子曰：『事父母几谏，见志不从，又敬不违，劳而不怨。』

19 子曰：『父母在，不远游，游必有方。』

20 子曰：『三年无改于父之道，可谓孝矣。』

注释

几：音jī，轻微，引申为婉转。**违：**触犯、冒犯。**劳：**意为忧愁。**方：**去向。**三年：**古制，守父母之丧为三年，但一般是概称。

译文

孔子说：『侍奉父母，（如果他们有不对的地方，）应婉转地劝止，看到自己的心意没有被听进去，仍然恭敬而不触犯他们，虽然忧愁，但不怨恨。』

孔子说：『父母在世，不出远门；如果一定要出远门，必须告知去处。』

孔子说：『三年内不改变父亲生前所坚持的准则，就可说做到了孝敬。』

子曰。父母之年不可不知也。一则以喜。一则以惧。

子曰。古者言之不出。耻躬之不逮也。

子曰。以约失之者鲜矣。

原文

21 子曰：“父母之年，不可不知也。一则以喜，一则以惧。”

22 子曰：“古者言之不出，耻躬之不逮也。”

23 子曰：“以约失之者鲜矣。”

注释

父母之年：父母的年龄。**耻**：意动用法，以为可耻。**躬之不逮**：行动赶不上。躬，亲身实践。逮，赶上。**约**：意为约束、自律。

译文

孔子说：“父母的年龄，你不能不知道。一方面因（其高寿）而高兴，另一方面又因（其高寿）而有所恐惧。”

孔子说：“古人言语不轻易出口，就是怕自己说到做不到。”

孔子说：“严于律己，就会少犯错误。”

子曰。君子欲訥於言而敏於行。

子曰。德不孤。必有鄰。

子游曰。事君數。斯辱矣。朋友數。斯疏矣。

原文

24 子曰：『君子欲讷于言而敏于行。』

25 子曰：『德不孤，必有邻。』

26 子游曰：『事君数，斯辱矣；朋友数，斯疏矣。』

注释

讷：音nè，说话迟钝。**孤**：孤单、孤立。**邻**：邻居，意为志同道合者。**数**：音shuò，屡屡，意为烦琐。**疏**：疏远。

译文

孔子说：『君子言语要谨慎迟钝，工作则要勤劳敏捷。』

孔子说：『有道德的人不会孤独，必定会有志同道合的人来相伴。』

子游说：『侍奉君主过于烦琐，就会自取其辱；对待朋友过于烦琐，就会反被疏远。』

公冶長篇第五

○

本篇多是孔子评论古今人物包括自己学生品德的，从中可以看出孔子的价值观。

孔子把“仁人”看得很重，认为古今人物中能够达到这个标准的很少。所以当子路问到楚令尹子文、陈文子这些有声誉的人物算不算“仁人”时，孔子干脆回答“不知”。当孟武子问到子路、冉求、公孙赤等孔子的学生算不算“仁人”时，孔子也一概回答“不知”。因为在孔子眼中，他们这些人，或只做到了“忠诚”，或只做到了“清正”，或在为政方面有长处而已，都没有达到“仁人”的标准。所谓“仁人”，在孔子眼中，是要有一颗博大的爱心，这也是他自己的志向。这个志向是：让老人得到安养，使朋友相互信任，令幼儿受到抚育。

孔子在本篇中评论自己的学生宰予，也是很有意思的一段。宰予大白天睡觉，孔子见了，把宰予称作“朽木”和“粪土之墙”，认为不可造就。其实宰予是个思想非常活跃的人，经常与孔子辩难。如在《阳货》篇中，孔子谈到为父母守“三年之丧”的问题，宰予就直言时间太长，“一年之丧”即可，结果被孔子批评为“不仁”。在《雍也》篇中，宰予又用一个两难的问题请教孔子：假如告诉一个仁者有仁人掉井里了，那个仁者该不该跳下去救？孔子对此很是生气，认为宰予是在愚弄人。

孔子在其他地方，对自己学生各有评论，或直面肯定，或直面批评，是《论语》中非常精彩的地方。

子謂公冶長。可妻也。雖在縲絏之中。非其罪也。以其子妻之。

子謂南容。邦有道。不廢。邦無道。免於刑戮。以其兄之子妻之。

原文

01 子谓公冶长：『可妻也，虽在缧绁之中，非其罪也。』以其子妻之。

02 子谓南容：『邦有道，不废；邦无道，免于刑戮。』以其兄之子妻之。

译文

孔子谈论公冶长：『可以把女儿嫁给他。他虽然曾被关在监狱之中，但不是他的罪过。』便把自己的女儿嫁给他。

孔子谈论南容：『国家政治清明时，不会被废弃；国家政治黑暗时，也不致被刑罚。』于是把自己的侄女嫁给他。

注释

公冶长：孔子的学生。**妻**：此作动词，意为娶妻。**缧绁**：音léi xiè，捆绑罪人的绳索，意为监狱。**子**：此指女儿。**南容**：孔子的学生，姓南宫，名适，字子容。**废**：意为废弃不用。**刑戮**：刑罚。

子謂子賤。君子哉若人。魯無君子者。斯焉取斯。

子貢問曰。賜也何如。子曰。女器也。曰。何器也。曰。瑚璉也。

原文

03

子谓子贱：『君子哉若人！鲁无君子者，斯焉取斯？』

04

子贡问曰：『赐也何如？』子曰：『女，器也。』曰：『何器也？』曰：『瑚琏也。』

注释

子贱：孔子的学生，姓宓，名不齐，字子贱。**斯焉取斯：**他是从哪里取得这种德行的。前一个『斯』是人称，后一个『斯』指德行。**器：**器皿，即前文『君子不器』之『器』的意思。**瑚琏：**古代宗庙里盛黍稷的礼器。

译文

孔子谈论宓子贱：『这人是君子呀！假若鲁国没有君子，那他从哪里获得这种好品德的呢？』

子贡问：『我是一个怎样的人？』孔子说：『你好比是一个器皿。（只有一种用途。）』子贡问：『什么器皿？』孔子答：『宗庙里盛黍稷的瑚琏。』

或曰。雍也仁而不佞。子曰。焉用佞。禦人以口給。屢憎於人。不知其仁。焉用佞。

子使漆彫開仕。對曰。吾斯之未能信。子說。

原文

05 或曰：『雍也仁而不佞。』子曰：『焉用佞？御人以口给，屡憎于人。不知其仁，焉用佞？』

06 子使漆雕开仕。对曰：『吾斯之未能信。』子说。

注释

雍：孔子的学生，姓冉，名雍，字仲弓。**佞：**能言善辩，有口才。**御：**应答。**口给：**意为言语不尽。给，足。**漆雕开：**孔子的学生，字子若。**仕：**做官。**吾斯之未能信：**此为『吾未能信斯』的倒装句。信，信心。**说：**通『悦』。

译文

有人说：『冉雍有仁德，却没有口才。』孔子道：『何必要有口才呢？犟嘴利舌地与人辩驳，常常被人讨厌。冉雍未必仁，但为什么要有口才呢？』

孔子要漆雕开去做官。漆雕开说：『我对这个还没有信心。』孔子听后很高兴。

子曰。道不行。乘桴浮於海。從我者。其由與。子路聞之喜。子曰。由也好勇過我。無所取材。

原文

07

子曰：『道不行，乘桴浮于海。从我者，其由与？』子路闻之喜。子曰：『由也好勇过我，无所取材。』

注释

桴：音fú，古时用竹子或木头编成的筏，用以当船。

译文

孔子说：『主张行不通了，我想坐个木筏到海外去，跟随我的恐怕只有子路吧！』子路听到这话，很是高兴。孔子说：『仲由好勇争胜大大超过了我，这没有什么可取的。』

孟武伯問子路仁乎。子曰。不知也。又問。子曰。由也。千乘之國。可使治其賦也。不知其仁也。求也何如。子曰。求也。千室之邑。百乘之家。可使為之宰也。不知其仁也。赤也何如。子曰。赤也。束帶立於朝。可使與賓客言也。不知其仁也。

原文

08

孟武伯问：『子路仁乎？』子曰：『不知也。』又问。子曰：『由也，千乘之国，可使治其赋也，不知其仁也。』

『求也何如？』子曰：『求也，千室之邑，百乘之家，可使为之宰也，不知其仁也。』

『赤也何如？』子曰：『赤也，束带立于朝，可使与宾客言也，不知其仁也。』

译文

孟武伯向孔子问子路有没有仁德。孔子道：『不知道。』他又问。孔子道：『子路呵，如果有千辆兵车的中等国家，可以叫他负责兵役和军政事务。至于他有没有仁德，我不晓得。』

孟武伯继续问：『冉求又怎么样呢？』孔子说：『冉求呵，千户人口的私邑，百辆兵车的大夫封地，可以叫他去管理。至于他有没有仁德，我不知道。』

『公西赤又怎么样呢？』孔子说：『公西赤啊，穿着礼服，立于朝廷之中，可以叫他接待外宾，办理交涉。至于他有没有仁德，我不知道。』

注释

赋：兵赋，泛指军政事务。**邑**：庶民聚居之所。**家**：古代卿大夫的封地，并非现在意义上的家庭。**宰**：此指卿大夫家的总管。**束带**：指穿戴朝服。**朝**：朝廷。**宾客**：古时贵客称『宾』，一般客人称『客』，后合称，意义无别。

子謂子貢曰。女與回也孰愈。對曰。賜也何敢望
回。回也聞一以知十。賜也聞一以知二。子曰。弗如也。
吾與女弗如也。

原文

09

子谓子贡曰：『女与回也孰愈？』对曰：『赐也何敢望回？回也闻一以知十，赐也闻一以知二。』子曰：『弗如也；吾与女弗如也。』

注释

愈：胜。**与**：赞同。

译文

孔子对子贡说：『你和颜回比，谁强些？』子贡答道：『我嘛，怎敢和颜回相比？他听到一件事，可以推演知道十件事；我听到一件事，只能推知两件事。』孔子说：『不如啊！我们俩都不如他啊。』

宰予晝寢。子曰。朽木不可雕也。糞土之牆不可朽也。於予與何誅。子曰。始吾於人也。聽其言而信其行。今吾於人也。聽其言而觀其行。於予與改是。

原文

10 宰予昼寝。子曰：『朽木不可雕也，粪土之墙不可杇也，于予与何诛？』子曰：『始吾于人也，听其言而信其行；今吾于人也，听其言而观其行。于予与改是。』

注释

昼寝：白天睡觉。**杇：**音wū，原为泥工抹墙的工具，引申为粉刷，同『圬』。**诛：**引申为责备。

译文

宰予在白天睡觉。孔子说：『（他像）腐烂了的木头雕刻不得，粪土砌的墙壁粉刷不得，对于宰予不值得责备。』孔子又说：『最初我对别人，是听到他的话便相信他的行为；今天我对别人，是听到他的话却要考察他的行为。从宰予的事件以后，我改变了对待人的态度。』

子曰。吾未見剛者。或對曰。申棖。子曰。棖也慾。焉得剛。

子貢曰。我不欲人之加諸我也。吾亦欲無加諸人。子曰。賜也。非爾所及也。

原文

11 子曰：『吾未见刚者。』或对曰：『申枨。』子曰：『枨也欲，焉得刚？』

12 子贡曰：『我不欲人之加诸我也，吾亦欲无加诸人。』子曰：『赐也，非尔所及也。』

注释

刚：刚强不屈。**申枨**：孔子的学生。枨，音chéng。**欲**：有欲望。**加**：凌辱、欺凌。**诸**：『之于』的合音字。**及**：意为做得到。

译文

孔子道：『我没见过刚毅不屈的人。』有人答道：『申枨是这样的人。』孔子道：『申枨啊，他欲望太多，哪能做到刚毅不屈？』

子贡道：『我不愿被迫做自己不愿做的事，我也不愿强迫别人去做。』孔子说：『子贡啊，这不是你能做到的啊。』

子貢曰。夫子之文章。可得而聞也。夫子之言性與天道。不可得而聞也。

子路有聞。未之能行。惟恐有聞。

子貢問曰。孔文子何以謂之文也。子曰。敏而好學。不恥下問。是以謂之文也。

原文

13 子贡曰：『夫子之文章，可得而闻也；夫子之言性与天道，不可得而闻也。』

14 子路有闻，未之能行，惟恐有闻。

15 子贡问曰：『孔文子何以谓之「文」也？』子曰：『敏而好学，不耻下问，是以谓之「文」也。』

注释

性：人的自然之性。这是后来儒家论述的重要思想观念。**天道：**这是中国古代重要的哲学范畴，一指自然运行的规律，另一指有道德意志的天命。孔子对此都没有十分明确的肯定说法。**有：**同『又』。**孔文子：**卫国的大夫孔圉。圉，音yǔ。

译文

子贡说：『老师关于文献方面的学问，我们是可以听到的；老师关于「性」和「天道」的言论，我们却听不到。』

子路有所闻，还没有能够去做，只怕又有所闻。

子贡问道：『孔文子凭什么被谥为「文」？』孔子道：『他聪明灵活，爱好学问，又谦虚下问，不以为耻，所以用「文」字做他的谥号。』

子謂子產。有君子之道四焉。其行己也恭。其事上也敬。其養民也惠。其使民也義。

子曰。晏平仲善與人交。久而敬之。

子曰。臧文仲居蔡。山節藻棁。何如其知也。

原文

16 子谓子产，「有君子之道四焉：其行己也恭，其事上也敬，其养民也惠，其使民也义。」

17 子曰：「晏平仲善与人交，久而敬之。」

18 子曰：「臧文仲居蔡，山节藻棁，何如其知也？」

注释

子产：姓公孙，名侨，字子产。春秋郑国的贤相，著名的政治家。**晏平仲：**姓晏，名婴，字平仲。春秋时齐国的贤大夫。**久而敬之：**指「久而人敬之」。**臧文仲：**臧孙辰，鲁国的大夫。**居蔡：**为大龟造屋。居，使动用法。蔡，一种大龟。**山节藻棁：**像山一样的斗拱，画着藻的柱梁。棁，音zhuō。**知：**同「智」。

译文

孔子评论子产：「他具有君子的四种品德：自己行为端庄恭敬，对待君上负责认真，对待人民有恩惠，役使人民也合乎道理。」

孔子说：「晏平仲善于交朋友，相交越久，别人越发恭敬他。」

孔子说：「臧文仲给一种叫蔡的大乌龟盖了一间屋，有像山一样的斗拱和画着藻草的梁柱，这个人的聪明怎么这样呢？」

子張問曰。令尹子文三仕為令尹。無喜色。三已之。無慍色。舊令尹之政。必以告新令尹。何如。子曰。忠矣。曰。仁矣乎。曰。未知。焉得仁。

原文

19 子张问曰：『令尹子文三仕为令尹，无喜色；三已之，无愠色。旧令尹之政，必以告新令尹。何如？』子曰：『忠矣。』曰：『仁矣乎？』曰：『未知。焉得仁？』

注释

令尹：楚国的宰相称谓。
已：意为免职。

译文

子张问：『楚国的令尹子文三次做宰相时，没有高兴之色；三次被罢免时，没有怨恨之色。卸任前，总是认真地办理交接事宜，这个人怎么样？』孔子道：『可算尽忠于国家了。』子张问：『算不算仁呢？』孔子道：『不知道。这怎么能算是仁呢？』

崔子弑齊君。陳文子有馬十乘。棄而違之。至於他邦。則曰。猶吾大夫崔子也。違之。之一邦。則又曰。猶吾大夫崔子也。違之。何如。子曰。清矣。曰。仁矣乎。曰。未知。焉得仁。

原文

『崔子弑齐君，陈文子有马十乘，弃而违之。至于他邦，则曰：「犹吾大夫崔子也。」违之。之一邦，则又曰：「犹吾大夫崔子也。」违之。何如？』子曰：『清矣。』曰：『仁矣乎？』曰：『未知。焉得仁？』

注释

崔子：齐国的大夫，姓崔，名杼。**弑**：古代指下位者杀掉上位者。**齐君**：指齐庄公。**陈文子**：齐国的大夫，名须无。**违**：离去。**之**：同『至』。**清**：清正。

译文

又问：『崔杼作乱杀掉齐庄公，陈文子有四十匹马，舍弃后，离开齐国。来到了另一个国家，他说：「这里的执政者同我们的崔子差不多。」又离开。又到了一国，又说道：「这里的执政者同我们的崔子差不多。」于是又离开。这个人怎么样？』孔子说：『清白得很。』子张问：『算不算仁呢？』孔子答：『不知道。这怎么能算是仁呢？』

季文子三思而後行。子聞之曰。再斯可矣。

子曰。甯武子。邦有道。則知。邦無道。則愚。其知可及也。其愚不可及也。

原文

20 季文子三思而后行。子闻之，曰：『再，斯可矣。』

21 子曰：『宁武子，邦有道，则知；邦无道，则愚。其知可及也，其愚不可及也。』

注释

季文子：鲁国的大夫季孙行父。**再**：二次。**宁武子**：卫国的大夫，姓宁，名俞。**知**：同『智』，意为表现聪明。**愚**：意为佯装愚笨。

译文

季文子每件事要考虑多次才行动。孔子听到后说：『思考两次也就可以了。』

孔子说：『宁武子在国家太平时便聪明；在国家昏暗时便装傻。他的聪明，我们可以学得来；他的愚笨，我们就赶不上了。』

子在陳。曰。歸與。歸與。吾黨之小子狂簡。斐然成章。不知所以裁之。

原文

22

子在陈，曰：『归与！归与！吾党之小子狂简，斐然成章，不知所以裁之。』

注释

陈：春秋时的诸侯国，姓妫，舜的后代。**小子**：小家伙，指学生。**狂简**：志高气扬。**裁**：裁剪，意为教导。

译文

孔子在陈国，说：『回去吧！回去吧！我们那里的学生们志向远大得很，文采又都斐然可观，真不知怎样去指导他们。』

子曰。伯夷叔齊不念舊惡。怨是用希。

子曰。孰謂微生高直。或乞醯焉。乞諸其鄰而與之。

原文

23 子曰：『伯夷、叔齐不念旧恶，怨是用希。』

24 子曰：『孰谓微生高直？或乞醯焉，乞诸其邻而与之。』

注释

伯夷、叔齐：人名，孤竹君的两个儿子，父亡后互相让位，商亡后又不食周粟，饿死在首阳山。**怨是用希：**怨恨就很少。**微生高：**又作『尾生高』，传为特别守信的男子。**醯：**音xī，醋。

译文

孔子说：『伯夷、叔齐这兄弟俩不记念过去的仇恨，所以内心的怨恨也就很少。』

孔子说：『谁说微生高是个耿直的人？有人向他讨点醋，他家明明没有醋，却到邻人那里转讨一点给人。』

子曰。巧言。令色。足恭。左丘明耻之。丘亦耻之。匿怨而友其人。左丘明耻之。丘亦耻之。

原文

25

子曰：『巧言、令色、足恭，左丘明耻之，丘亦耻之。匿怨而友其人，左丘明耻之，丘亦耻之。』

注释

足恭：十足的恭敬，意为恭敬过度。**左丘明**：传为《左传》和《国语》的作者。**匿怨**：内藏怨恨。

译文

孔子说：『花言巧语，表情谄媚，过度的恭顺，这种态度，左丘明认为可耻，我也认为可耻。明明内心藏着怨恨，表面却同他要好，这种行为，左丘明认为可耻，我也认为可耻。』

顏淵季路侍。子曰。盍各言爾志。

子路曰。願車馬衣裘與朋友共敝之而無憾。

顏淵曰。願無伐善。無施勞。

子路曰。願聞子之志。

子曰。老者安之。朋友信之。少者懷之。

原文

26 颜渊季路侍。子曰：『盍各言尔志？』

子路曰：『愿车马衣裘与朋友共敝之而无憾。』

颜渊曰：『愿无伐善，无施劳。』

子路曰：『愿闻子之志。』

子曰：『老者安之，朋友信之，少者怀之。』

注释

盍：『何不』的合音字。**敝**：用旧、用破。**伐善**：夸耀好处。伐，夸耀。

无施劳：表白功劳。

译文

颜渊、季路两人侍立孔子身边。孔子问：『为什么不说说各自的志向呢？』

子路说：『愿意把我的车马和衣服同朋友共用，即使用坏了也不遗憾。』

颜渊说：『但愿能做到不夸耀自己的优点，不宣扬自己的功劳。』

子路问：『希望听到您的志向。』

孔子道：『使老者享受安逸，使朋友互相信任，使孩子受到抚育。』

子曰。已矣乎。吾未見能見其過而自訟者也。

子曰。十室之邑。必有忠信如丘者焉。不如丘之好學也。

原文

27 子曰：『已矣乎，吾未见能见其过而自讼者也。』

28 子曰：『十室之邑，必有忠信如丘者焉，不如丘之好学也。』

注释

讼：责备。**十室之邑：**十户人家的地方。喻指小地方、小范围。

译文

孔子说：『算了吧！我没见过明知有错而能做到自我批评的人啊。』

孔子说：『就是十户人家的地方，一定有像我这样又忠心又信实的人，只是不如我好学而已。』

雍也篇第六

本篇与上篇相似，也多是孔子评论其学生的事。

其中最值得重视的是孔子对学生颜回（又名颜渊）的评论。孔子称赞颜回“贤”，因颜回吃着粗食，喝着冷水，住在简陋的巷子里，别人都受不了，但他仍自得其乐。孔子更称赞颜回“好学、不迁怒、不二过”，而且“三月不违仁”，因此对颜回40岁不到就去世，是十分痛心的。《论语》中还有好几处孔子及其他学生对颜回的赞美，说明在当时颜回是孔子最得意的学生，在同学中也有很高的威望。后来孔子被封圣，颜回也被封为“复圣”，配享孔庙，受世代致祭。

孔子对其他的学生都没有像对颜回的评价那么高，有的还多有批评，有的则时相违和。如本篇中有一则记孔子见卫灵公的夫人南子的事，子路是个直率人，对此不高兴，因为南子的生活作风不好。孔子不得不诅咒发誓，以证清白。这是非常有趣的事。

在本篇中，孔子对知者和仁者的论述，也值得玩味。孔子说：“知者乐水，仁者乐山；知者动，仁者静；知者乐，仁者寿。”这里的“知者”是“智者”的意思，是对有智慧之人的称呼。孔子认为“知”也是很重要的，被列为“五常”（即“仁、义、礼、智、信”五种人伦纲常）之一。在孔子看来，智者因通达事理，故而像水之动；仁者因深具爱心，故而像山之静。也因为如此，智者生性快乐，仁者则会长寿。这是很有哲理的。

另外，本篇中提出了一个重要的概念“中庸”。这一点随后再谈。

子曰。雍也可使南面。

仲弓問子桑伯子。子曰。可也簡。仲弓曰。居敬而行簡。以臨其民。不亦可乎。居簡而行簡。無乃大簡乎。子曰。雍之言然。

原文

01 子曰：『雍也可使南面。』

02 仲弓问子桑伯子。子曰：『可也简。』仲弓曰：『居敬而行简，以临其民，不亦可乎？居简而行简，无乃大简乎？』子曰：『雍之言然。』

注释

南面：坐北朝南，比喻身份尊贵。**子桑伯子：**人名，生平不详。**简：**简约。**临：**管理。**无乃：**无非。

译文

孔子说：『冉雍这个人，可以让他做地方的长官。』

仲弓问到子桑伯子这个人。孔子道：『他简单得很。』仲弓道：『若存心严肃认真，而以简单行之来治理百姓，不也可以吗？若存心简单，又以简单行之，不是太简单了吗？』孔子道：『你这番话正确。』

哀公問。弟子孰爲好學。孔子對曰。有顔回者好學。不遷怒。不貳過。不幸短命死矣。今也則亡。未聞好學者也。

原文

03

哀公问：『弟子孰为好学？』孔子对曰：『有颜回者好学，不迁怒，不贰过。不幸短命死矣，今也则亡，未闻好学者也。』

注释

贰过：二次过错，意为不犯同样的错误。

译文

鲁哀公问：『你的学生中，哪个好学？』孔子答道：『有一个叫颜回的人好学，不拿别人出气，也不重复犯同样的错。但很不幸，他实在太短寿了，现在再无这样的人了，再也没听过好学的人了。』

子華使於齊。冉子為其母請粟。子曰。與之釜。請益。曰。與之庾。冉子與之粟五秉。子曰。赤之適齊也。乘肥馬。衣輕裘。吾聞之也。君子周急不繼富。

原文

04

子华使于齐，冉子为其母请粟。子曰：『与之釜。』请益。曰：『与之庾。』冉子与之粟五秉。子曰：『赤之适齐也，乘肥马，衣轻裘。吾闻之也：君子周急不继富。』

注释

子华：孔子的学生，姓公西，名赤，字子华。**使**：动词，出使。**冉子**：孔子的学生，即冉有。**釜**：古代的一种量器，为六斗四升。**庾**：古代的一种量器，为二斗四升。**秉**：古代的一种量器，为十六斛。**周急不继富**：救济急事，不添加富裕。

译文

公西赤出使齐国，冉有替他母亲向孔子请求小米。孔子说：『给六斗四升吧。』冉有请求增加。孔子道：『再加二斗四升。』冉有却给了他八十石。孔子道：『公西赤到齐国去，坐着由肥马驾的豪华车辆，穿着又轻又暖的名贵皮袍。我听说过：君子只是雪中送炭，不去锦上添花。』

原思為之宰。與之粟九百。辭。子曰。毋。以與爾鄰里鄉黨乎。

子謂仲弓。曰。犁牛之子騂且角。雖欲勿用。山川其舍諸。

子曰。回也。其心三月不違仁。其餘則日月至焉而已矣。

原文

05 原思为之宰，与之粟九百，辞。子曰：『毋！以与尔邻里乡党乎！』

06 子谓仲弓，曰：『犁牛之子骍且角，虽欲勿用，山川其舍诸？』

07 子曰：『回也，其心三月不违仁，其余则日月至焉而已矣。』

注释

原思：孔子的学生原宪，字子思。**犁牛**：耕牛。**骍且角**：音xīng，赤色，表示尊贵。角，意为两角长得周正。**诸**：『之乎』的合音字。**三月**：表示长久，与下文的『日月至焉』表示短暂相对。

译文

原思任孔子家的总管，孔子给他小米九百斗，他不肯受。孔子说：『别推辞！有多的就给你乡邻里（的穷人）吧！』

孔子谈到冉雍时说：『耕牛的儿子长着赤色的毛、整齐的角，即使人们不想用它来祭祀，山川之神难道会舍弃它吗？』

孔子说：『颜回呀，他的心长期不离仁德，别的学生嘛，只是短时期偶然想起一下罢了。』

季康子問。仲由可使從政也與。子曰。由也果。於從政乎何有。曰。賜也可使從政也與。曰。賜也達。於從政乎何有。曰。求也可使從政也與。曰。求也藝。於從政乎何有。

原文

08

季康子问：『仲由可使从政也与？』子曰：『由也果，于从政乎何有？』

曰：『赐也可使从政也与？』曰：『赐也达，于从政乎何有？』

曰：『求也可使从政也与？』曰：『求也艺，于从政乎何有？』

注释

果：果断。**达**：通情达理。**艺**：多才多艺。

译文

季康子问孔子：『仲由这人，可以让他治理政事吗？』孔子说：『仲由果敢决断，让他治理政事有什么困难呢？』

又问：『可以让子贡治理政事吗？』孔子说：『端木赐通情达理，让他治理政事有什么困难呢？』

又问：『可以让冉求治理政事吗？』孔子说：『冉求多才多艺，让他治理政事有什么困难呢？』

季氏使閔子騫為費宰。閔子騫曰。善為我辭焉。如有復我者。則吾必在汶上矣。

伯牛有疾。子問之。自牖執其手。曰。亡之。命矣夫。斯人也而有斯疾也。斯人也而有斯疾也。

原文

09 季氏使闵子骞为费宰。闵子骞曰：“善为我辞焉！如有复我者，则吾必在汶上矣。”

10 伯牛有疾，子问之，自牖执其手，曰：“亡之，命矣夫！斯人也而有斯疾也！斯人也而有斯疾也！”

注释

闵子骞：孔子的学生，姓闵，名损，字子骞。**费：**鲁国季氏的封邑。**汶：**音wèn，山东的大汶河。**伯牛：**孔子的学生冉耕，字伯牛。**牖：**音yǒu，窗户。

译文

季氏请闵子骞做费地的长官。闵子骞说：“请替我婉言谢绝了吧！若是再来找我的话，那我一定会逃到汶水之北去了。”

伯牛生病，孔子去探望，从窗口握着他的手，说道：“不易活了，这是命呀！这样的人怎么会得这样的病！这样的人怎么会得这样的病！”

子曰。賢哉回也。一簞食。一瓢飲。在陋巷。人不堪其憂。回也不改其樂。賢哉回也。

原文

11 子曰：『贤哉，回也！一箪食，一瓢饮，在陋巷，人不堪其忧，回也不改其乐。贤哉，回也！』

注释

箪：音dān，古代盛饭用的圆形竹器。

译文

孔子说：『颜回多么有修养呀！一竹筐饭，一瓜瓢水，住在简陋的巷子里，别人都受不了那穷苦的忧愁，颜回却从不改自有的快乐。颜回多么有修养呀！』

冉求曰。非不説子之道。力不足也。子曰。力不足者。中道而廢。今女畫。

子謂子夏曰。女爲君子儒。無爲小人儒。

原文

12 冉求曰：『非不说子之道，力不足也。』子曰：『力不足者，中道而废。今女画。』

13 子谓子夏曰：『女为君子儒！无为小人儒！』

注释

说：同『悦』。**画：**画地为牢的意思，引申为裹足不前。

译文

冉求说：『不是我不喜欢您的学说，是我能力不够。』孔子说：『如果真是能力不够的话，会半道而废。现在你却画地为牢。』

孔子对子夏说：『你要去做个君子式的儒者，不要去做（把儒学只当成混饭本事的）小人式的儒者！』

子游為武城宰。子曰。女得人焉耳乎。曰有澹臺滅明者。行不由徑。非公事。未嘗至於偃之室也。

子曰。孟之反不伐。奔而殿。將入門。策其馬。曰非敢後也。馬不進也。

原文

14 子游为武城宰。子曰：『女得人焉耳乎？』曰：『有澹台灭明者，行不由径，非公事，未尝至于偃之室也。』

15 子曰：『孟之反不伐，奔而殿，将入门，策其马。曰：「非敢后也，马不进也。」』

注释

儒：原初指术士，后泛指通晓礼制典章的士大夫，并为儒家的专称。**武城**：鲁国的城邑。**澹台灭明**：人名，姓澹台，名灭明，字子羽。**行不由径**：走路从不走捷径。**孟之反**：鲁国的大夫，名侧。**伐**：夸功。**殿**：殿后。

译文

子游做武城的长官。孔子说：『你在这儿得到什么人才没有？』子游回答：『有一个叫澹台灭明的人，走路不插小道，不是公事，从不到我屋里来。』

孔子说：『孟之反不夸耀自己，打仗撤退时，他走在最后，掩护全军，将进城门时，他才鞭打着马匹，一面说道：「不是我敢于殿后，是马匹不肯快跑的缘故。」』

子曰。不有祝鮀之佞。而有宋朝之美。難乎免於今之世矣。

子曰。誰能出不由户。何莫由斯道也。

原文

16 子曰：『不有祝鮀之佞，而有宋朝之美，难乎免于今之世矣。』

17 子曰：『谁能出不由户？何莫由斯道也？』

注释

不有：假如没有。**祝鮀：**卫国的大夫，字子鱼，富有口才。鮀，音tuó。**宋朝：**宋国的公子朝，以美貌著称。

译文

孔子说：『如果没有祝鮀的口才，而仅有宋朝的美丽，在今天的社会里怕是不易避免祸害了。』

孔子说：『谁能出门不从房门经过呢？那为什么做起事来都不好好走正道呢？』

子曰。質勝文則野。文勝質則史。文質彬彬。然後君子。

子曰。人之生也直。罔之生也幸而免。

原文

18 子曰：“质胜文则野，文胜质则史。文质彬彬，然后君子。”

19 子曰：“人之生也直，罔之生也幸而免。”

注释

野：粗野。**史：**意为虚浮。**文质彬彬：**文与质配合适当的样子。**直：**正直。**罔：**诬罔、欺蒙。

译文

孔子说：“质朴多于文采，就未免粗野；文采多于质朴，又未免虚浮。文采和朴实配合适当，这才是个君子。”

孔子说：“人的生存由于正直（生活才能幸福）；不正直的人也可以生存，但那只是侥幸罢了。”

子曰。知之者不如好之者。好之者不如樂之者。

子曰。中人以上。可以語上也。中人以下。不可以語上也。

樊遲問知。子曰。務民之義。敬鬼神而遠之。可謂知矣。問仁。曰。仁者先難而後獲。可謂仁矣。

原文

20 子曰：『知之者不如好之者，好之者不如乐之者。』

21 子曰：『中人以上，可以语上也；中人以下，不可以语上也。』

22 樊迟问知。子曰：『务民之义，敬鬼神而远之，可谓知矣。』问仁。曰：『仁者先难而后获，可谓仁矣。』

注释

乐之：以此为乐。**中人：**中等资质的人。**远之：**疏远而不接近。**先难：**先克服困难。

译文

孔子说：『知道学习不如喜欢学习，喜欢学习又不如以学习为快乐。』

孔子说：『中等资质以上的人，可以同他研究高深的学问；中等资质以下的人，不可以同他讨论高深的学问。』

樊迟问怎么样才算聪明？孔子道：『做事顺应民心，尊重鬼神却敬而远之，这就算明智了。』又问什么是仁？孔子道：『先付出努力，然后收获果实，这就算仁了。』

子曰。知者樂水。仁者樂山。知者動。仁者靜。知者樂。仁者壽。

子曰。齊一變至於魯。魯一變至於道。

子曰。觚不觚。觚哉觚哉。

原文

23 子曰：『知者乐水，仁者乐山。知者动，仁者静。知者乐，仁者寿。』

24 子曰：『齐一变，至于鲁；鲁一变，至于道。』

25 子曰：『觚不觚，觚哉！觚哉！』

注释

知者：即『智者』。**道：**此指合乎周礼的大道。**觚：**音gū，古代一种盛酒的器皿，腹部和足部都有四条棱角。

译文

孔子说：『聪明的人喜欢水，有仁德的人喜欢山；聪明的人活跃，有仁德的人沉静；聪明的人快乐，有仁德的人长寿。』

孔子说：『齐国的政事一加改革，便达到鲁国的样子；鲁国的政事一加改革，便进而合乎大道了。』

孔子说：『觚不像个觚，这是觚吗？这是觚吗？』

宰我問曰。仁者。雖告之曰。井有仁焉。其從之也。子曰。何爲其然也。君子可逝也。不可陷也。可欺也。不可罔也。

子曰。君子博學於文。約之以禮。亦可以弗畔矣夫。

原文

26 宰我问曰：『仁者，虽告之曰：「井有仁焉。」其从之也？』子曰：『何为其然也？君子可逝也，不可陷也；可欺也，不可罔也。』

27 子曰：『君子博学于文，约之以礼，亦可以弗畔矣夫！』

注释

仁：此指仁人。**陷**：诬陷。**博学于文，约之以礼**：广博地学习文化，以礼制约束。**畔**：同『叛』。

译文

宰我问道：『作为一个仁人，如果有人告诉他：「井里掉下一位仁人。」他会不会跟着跳下去呢？』孔子说：『你为什么要这样做呢？君子可以让他远远地离开，却不可以陷害他；可以欺骗他，却不可以愚弄他。』

孔子说：『君子广泛地学习文献，再用礼仪来加以约束，也就不至于离经叛道了。』

子見南子。子路不說。夫子矢之曰。予所否者。天厭之。天厭之。

子曰。中庸之為德也。其至矣乎。民鮮久矣。

原文

28 子见南子，子路不说。夫子矢之曰：『予所否者，天厌之！天厌之！』

29 子曰：『中庸之为德也，其至矣乎！民鲜久矣。』

注释

南子：卫灵公夫人，把持当时朝政，且名声不好。**说：**同『悦』。**矢：**发誓。**否：**指不合于礼。**厌：**弃绝。**中庸：**不偏为中，不变为庸。『中庸』合称，是指一种无过无不及的人生态度和做事方法，后被儒家上升到哲学高度，成为其最重要的思想之一。

译文

孔子去和南子相见，子路不高兴。孔子发誓道：『我假若有做得不对的地方，天厌弃我吧！天厌弃我吧！』

孔子说：『中庸作为一种道德标准，可算至高无上了！人们缺少它很久了。』

子貢曰。如有博施於民而能濟衆。何如。可謂仁乎。子曰。何事於仁。必也聖乎。堯舜其猶病諸。夫仁者。己欲立而立人。己欲達而達人。能近取譬。可謂仁之方也已。

原文

30 子贡曰：『如有博施于民而能济众，何如？可谓仁乎？』子曰：『何事于仁！必也圣乎！尧舜其犹病诸！夫仁者，己欲立而立人，己欲达而达人。能近取譬，可谓仁之方也已。』

注释

博施：广博地施舍。**圣**：本义是耳聪口敏，通达明理。后引申为超凡脱俗的特殊智慧和道德。**尧舜**：中国古代传说中的两位帝王，也是孔子理想中的圣君。**病**：不足、比不上。

译文

子贡说：『如有人能让百姓都得到实惠，又能扶贫济困，怎么样？可以说是仁道了吗？』孔子说：『哪里仅是仁道！那一定是圣德了！尧舜也许都难以做到呢！仁是什么？自己要站得住，同时也使别人站得住；自己想得到时先帮别人得到；能够选择切近的事例一步步去做，可以说是实践仁的方法了。』

述而篇第七

○

本篇多载孔子自我评述之语，反映了孔子在为学、教学以及为人处世方面的态度。

孔子的为学态度，是“述而不作”。所谓“述而不作”，是只记述所见所闻，不自加发挥进行创作。这是与他的“信而好古”有关的。孔子以复兴周礼为己任，所以认为自己最重要的工作是搜罗文献、拾遗补阙。正是因为如此，他对长久没有梦见周公，十分焦虑。同时对能听到《韶乐》（相传虞舜时的一种雅乐）极为高兴，竟“三月不知肉味”。

孔子在教育方面，是强调“有教无类”的，所谓“自行束脩以上，吾未尝无诲焉”，就是这个意思。但以前在批孔时期，把这说成是孔子索要礼物的不道德行为，实在是天大的笑话。另外，孔子强调应机施教，即在学子没有自发冲动的时候，强行灌输，不会起到好的作用。所以他说“不愤不启，不悱不发”，就是这个道理。

孔子的为人，他自谓是“发愤忘食，乐以忘忧，不知老之将至云尔”，又谓“三人行，必有我师焉”，可以说是他的一幅很好的自画像。另外，孔子自述“饭疏食饮水，曲肱而枕之，乐亦在其中矣”，与《雍也》篇中他赞美颜回的话，可谓是一脉相承。孔、颜师徒俩的惺惺相惜，就在于两人都有一种安贫乐道、达观自信的态度，后世将这称为“孔颜乐处”。

本篇中，有“子不语：怪、力、乱、神”的记载，反映了孔子的人生哲学，也构成了儒学的一种基本精神，塑造了中国传统文化的实践理性特质。

子曰。述而不作。信而好古。竊比於我老彭。

子曰。默而識之。學而不厭。誨人不倦。何有於我哉。

原文

01 子曰：『述而不作，信而好古，窃比于我老彭。』

02 子曰：『默而识之，学而不厌，诲人不倦，何有于我哉？』

注释

述而不作：阐述前人的思想而不自己创作。**信而好古：**对古代文化既相信又喜欢。**窃：**私下。**老彭：**一说是彭祖，另一说是老子。**默而识之：**将所见所闻默记于心。**何有于我哉：**对我有什么问题呢？何有，古汉语中常用的反问句式。

译文

孔子说：『阐述而不创作，以相信的态度喜爱古代文化，我可以自比于老子和彭祖了。』

孔子说：『将知识默记在心，学习时不感到满足，教导别人时不感到疲倦，这些事情对我有什么问题呢？』

子曰。德之不脩。學之不講。聞義不能徙。不善不能改。是吾憂也。

子之燕居。申申如也。夭夭如也。

原文

03 子曰：『德之不修，学之不讲，闻义不能徙，不善不能改，是吾忧也。』

04 子之燕居，申申如也，夭夭如也。

注释

义：道义。是儒家倡导的一种美德，与『利』相对。**徙：**移动，意为接近。**燕居：**闲居。**申申：**容貌舒展。**夭夭：**面色愉快。

译文

孔子说：『品德不培养，学问不讲习，听到义却不能亲近，有缺点不能改正，这些都是我担忧的啊！』

孔子在家闲居，也是衣冠整洁，很和乐而舒展的样子。

子曰。甚矣吾衰也。久矣吾不復夢見周公。

子曰。志於道。據於德。依於仁。遊於藝。

原文

05 子曰：『甚矣吾衰也！久矣吾不复梦见周公！』

06 子曰：『志于道，据于德，依于仁，游于艺。』

注释

甚矣吾衰：『吾衰甚矣』的倒装，意为『我衰老得厉害』。**周公：**姓姬，名旦，周文王之子，周武王之弟，成王之叔，鲁国之始祖。是周代典章制度的奠基者，也是孔子心中理想的圣人之一。**艺：**古代指『六艺』，即礼、乐、射、御、书、数。

译文

孔子说：『我衰老得多么严重呀！我很久没再梦见周公了！』

孔子说：『以道为志向，以德为根据，以仁为凭藉，而游憩于礼、乐、射、御、书、数六艺之中。』

子曰。自行束脩以上。吾未嘗無誨焉。

子曰。不憤不啟。不悱不發。舉一隅不以三隅反。則不復也。

原文

07 子曰：『自行束脩以上，吾未尝无诲焉。』

08 子曰：『不愤不启，不悱不发。举一隅不以三隅反，则不复也。』

注释

束脩：十条干肉。束，古时一束为十脡，一脡即一条。脩，音同『修』，干肉，又称作脯。**不愤不启：**愤，心求通而不得。启，启发。**不悱不发：**悱，口欲言而不能。发，引导。**隅：**角落。**反：**反复相证。**复：**再次相告。

译文

孔子说：『只要带十条干肉来当见面礼，我从没有不教诲的。』

孔子说：『教导学生，不到他想求明白而不得的时候，不去开导他；不到他想说出来却说不出的时候，不去启发他。教给他一个方向，他却不能由此推知三个方向，便不再反复多说了。』

子食於有喪者之側。未嘗飽也。

子於是日哭。則不歌。

原文

09 子食于有丧者之侧，未尝饱也。

10 子于是日哭，则不歌。

注释

有丧者：有丧事的人。**哭：**此指哭丧。

歌：唱歌。

译文

孔子在戴孝者的旁边吃饭，从不曾吃饱过。

孔子在某一天因为伤心事哭泣过，他就不会在这一天里再唱歌。

子謂顔淵曰。用之則行。舍之則藏。惟我與爾有是夫。

子路曰。子行三軍。則誰與。

子曰。暴虎馮河。死而無悔者。吾不與也。必也臨事而懼。好謀而成者也。

原文

11 子谓颜渊曰：『用之则行，舍之则藏，惟我与尔有是夫！』

子路曰：『子行三军，则谁与？』

子曰：『暴虎冯河，死而无悔者，吾不与也。必也临事而惧，好谋而成者也。』

注释

用之则行，舍之则藏：使用就做，不用就藏。**行三军：**行，意为率领。三军，左、中、右三路军队，泛指大军。**暴虎冯河：**古时的俗语，意为强悍而不怕死。暴虎，徒手搏虎。冯河，徒足涉河。冯，音píng。

译文

孔子对颜渊说：『受重用时，就展露才华；不受重用时，就韬光养晦。只有我和你才能这样吧！』

子路问：『您若率领军队，找谁共事？』

孔子道：『赤手空拳和老虎搏斗，赤脚去渡河，这样死了都不后悔的人，我是不和他共事的。我需要那种面临任务便戒惧谨慎，以智谋取胜的人。』

子曰。富而可求也。雖執鞭之士。吾亦為之。如不可求。從吾所好。

子之所慎。齊。戰。疾。

子在齊聞韶。三月不知肉味。曰。不圖為樂之至於斯也。

原文

12 子曰：『富而可求也，虽执鞭之士，吾亦为之。如不可求，从吾所好。』

13 子之所慎：齐、战、疾。

14 子在齐闻韶，三月不知肉味，曰：『不图为乐之至于斯也。』

译文

孔子说：『如果能致富，哪怕是做「清道夫」的活我也干。如果求它不得，还是按我自己的喜好干吧。』

孔子所小心慎重的事有三样：斋戒、战争、疾病。

孔子在齐国听到《韶》乐后，很长时间尝不出肉味来，于是道：『想不到欣赏音乐竟到了这种境界。』

注释

而：假设连词，用法同『如』。**执鞭：**古时指用鞭子清道，是一种低贱的活。**齐：**同『斋』，即斋戒，引申为祭祀，是古代国家大事之一。**战：**战争，是古代国家大事之一。**疾：**疾病，指涉及生死的大病。**不图：**想不到。**斯：**意为境地。

冉有曰。夫子為衛君乎。子貢曰。諾。吾將問之。入曰。伯夷。叔齊何人也。曰。古之賢人也。曰。怨乎。曰。求仁而得仁。又何怨。出。曰。夫子不為也。

原文

15 冉有曰：『夫子为卫君乎？』子贡曰：『诺！吾将问之。』入，曰：『伯夷、叔齐何人也？』曰：『古之贤人也。』曰：『怨乎？』曰：『求仁而得仁，又何怨？』出，曰：『夫子不为也。』

注释

为：读去声，动词，本义为帮助，此处意为赞成、拥立。**卫君：**卫国国君。指卫出公辄，是卫灵公之孙。

译文

冉有问：『老师赞成卫国的国君吗？』子贡道：『好吧！我去问问他。』子贡走进孔子屋里，问：『伯夷、叔齐是什么样的人？』孔子答：『他们是古代的贤人。』子贡问：『（他们两人互相推让，都不肯做孤竹国的国君，结果都跑到国外，）是不是后来又怨悔呢？』孔子答：『他们求仁德，便得到了仁德，又怨悔什么呢？』子贡走出，答复冉有道：『老师不赞成卫君。』

子曰。飯疏食飲水。曲肱而枕之。樂亦在其中矣。不義而富且貴。於我如浮雲。

子曰。加我數年。五十以學易。可以無大過矣。

子所雅言。詩。書。執禮。皆雅言也。

原文

16 子曰：『饭疏食饮水，曲肱而枕之，乐亦在其中矣。不义而富且贵，于我如浮云。』

17 子曰：『加我数年，五十以学易，可以无大过矣。』

18 子所雅言，诗、书、执礼，皆雅言也。

注释

疏食：粗粮。**水**：古时常与『汤』相对，『水』是冷的，『汤』是热的。**肱**：音gōng，胳膊。**枕**：读去声，作动词。**易**：周代的占卜之书，传为伏羲所创，文王所演。**雅言**：当时中国通用的语言。

译文

孔子说：『吃粗粮，喝冷水，弯着胳膊当枕头，这样的生活也有着乐趣。干不正当的事而得来的富贵，我把它看作是浮云。』

孔子说：『让我多活几年，到五十岁时去学习《易》，便可以没有大过错了。』

孔子有时会讲通用语言，读《诗经》、读《尚书》、举行典礼时，都会用通用语言。

葉公問孔子於子路。子路不對。子曰。女奚不曰。其爲人也。發憤忘食。樂以忘憂。不知老之將至云爾。

子曰。我非生而知之者。好古。敏以求之者也。

原文

19 叶公问孔子于子路，子路不对。子曰：『女奚不曰，其为人也，发愤忘食，乐以忘忧，不知老之将至云尔。』

20 子曰：『我非生而知之者，好古，敏以求之者也。』

注释

叶公：叶城的长官，真名叫沈诸梁，有贤名。叶，旧音读shè，春秋时楚国的一个县。**对：**对答。**奚：**为何。**云尔：**如此而已。**敏：**敏捷，意为勤奋。

译文

叶公向子路了解孔子的为人，子路不回答。孔子对子路说：『你为什么不这样说：他的为人，用功时便忘记吃饭，快乐时便忘记忧愁，不知道衰老会要到来，如此罢了。』

孔子说：『我不是生来就有学问的人，我只是个喜欢读书且勤奋地追求知识的人。』

子不語怪。力。亂。神。

子曰。三人行。必有我師焉。擇其善者而從之。其不善者而改之。

原文

21 子不语怪、力、乱、神。

22 子曰：『三人行，必有我师焉：择其善者而从之，其不善者而改之。』

注释

怪、力、乱、神：怪异、蛮力、叛乱、鬼神。**三人：**概数，表明几个人。

译文

孔子不谈怪异、蛮力、叛乱和鬼神的事。

孔子说：『几个人一块走路，其中必定有值得我师法的人：我选取那些优点而学习，对照那些缺点而自我改正。』

子曰。天生德於予。桓魋其如予何。

子曰。二三子以我為隱乎。吾無隱乎爾。吾無行而不與二三子者。是丘也。

子以四教。文。行。忠。信。

原文

23 子曰：『天生德于予，桓魋其如予何？』

24 子曰：『二三子以我为隐乎？吾无隐乎尔。吾无行而不与二三子者，是丘也。』

25 子以四教：文、行、忠、信。

注释

桓魋：宋国的司马，本名向魋，曾欲暗害孔子。魋，音tuí。**隐：**隐瞒。

文、行、忠、信：文献、实践、忠实、诚信。

译文

孔子说：『上天赋予我高尚的品德，那桓魋又能把我怎样？』

孔子说：『你们这些学生以为我有所隐瞒吗？我对你们是没有隐瞒的。我没有一点不向你们公开，这就是我孔丘的为人。』

孔子教育学生看重这四个方面：文献典籍、行为规范、对人忠诚、与人交际的信实。

子曰。聖人。吾不得而見之矣。得見君子者。斯可矣。

子曰。善人。吾不得見之矣。得見有恆者。斯可矣。亡而為有。虛而為盈。約而為泰。難乎有恆矣。

原文

26

子曰：『圣人，吾不得而见之矣；得见君子者，斯可矣。』

子曰：『善人，吾不得见之矣；得见有恒者，斯可矣。亡而为有，虚而为盈，约而为泰，难乎有恒矣。』

注释

有恒：意为有操守。**亡而为有，虚而为盈，约而为泰：**没有而装作有，空虚而装作盈实，贫困而装作豪华。

译文

孔子说：『圣人，我不能看见了；能看见君子，就可以了。』

孔子说：『善人（仁人），我不能看见了；能看见有一定操守的人，就可以了。本来没有却装作拥有，本来空虚却装作充实，本来穷困却装作富裕，这样的人便难以保持一定操守了。』

子釣而不綱。弋不射宿。

子曰。蓋有不知而作之者。我無是也。多聞。擇其善者而從之。多見而識之。知之次也。

原文

27 子钓而不纲，弋不射宿。

28 子曰：『盖有不知而作之者，我无是也。多闻，择其善者而从之；多见而识之，知之次也。』

注释

钓而不纲，弋不射宿：不用大绳张网截流打鱼，不射杀歇宿的鸟。指有仁爱之心，不做赶尽杀绝的事。纲，网上的大绳；弋，音yì，作动词，用带生丝的箭来射。**知之次：**指学而知之，仅次于『生而知之』。

译文

孔子只钓鱼，而不撒网捕鱼；只射白天的飞鸟，不射归巢的鸟。

孔子说：『大概有一种自己不懂却凭空造作的人，我没有这种毛病。多听，选择其中好的加以接受；多看，全记在心里。这样来掌握知识，是仅次于「生而知之」的方法。』

互鄉難與言。童子見。門人惑。子曰。與其進也。
不與其退也。唯何甚。人潔己以進。與其潔也。
不保其往也。

子曰。仁遠乎哉。我欲仁。斯仁至矣。

原文

29 互乡难与言，童子见，门人惑。子曰：『与其进也，不与其退也，唯何甚？人洁己以进，与其洁也，不保其往也。』

30 子曰：『仁远乎哉？我欲仁，斯仁至矣。』

注释

互乡：地名，现已不可考。**难与言**：难以交流。**进**：促进。与下文的『退』相对。**不保其往**：不要死记其过往的错误。**斯**：代词。

译文

互乡这地方的人难以交谈，但这里的一个童子得到孔子的接见，弟子们都很疑惑。孔子说：『肯定他的进步，不等于认可他的错误，何必做得太过呢？别人把自己弄得干干净净而来，便应当赞成他的干净，不要总记住他那过去的缺点。』

孔子道：『仁德难道离我们很远吗？我想要它，它就来了。』

陳司敗問昭公知禮乎。孔子曰。知禮。

孔子退。揖巫馬期而進之。曰。吾聞君子不黨。

君子亦黨乎。君取於吳。為同姓。謂之吳孟子。

君而知禮。孰不知禮。

巫馬期以告。子曰。丘也幸。苟有過。人必知之。

原文

31

陈司败问昭公知礼乎，孔子曰：『知礼。』

孔子退，揖巫马期而进之，曰：『吾闻君子不党，君子亦党乎？君取于吴，为同姓，谓之吴孟子。君而知礼，孰不知礼？』

巫马期以告。子曰：『丘也幸，苟有过，人必知之。』

注释

陈司败：司败，有说人名，又有说官名，现已无考。**昭公：**鲁昭公，名裯，襄公庶子。**揖巫马期：**向巫马期作揖。巫马期，孔子的学生，姓巫马，名施，字子期。**取于吴：**从吴国娶了位夫人。取，同『娶』。**同姓：**指鲁国与吴国同为姬姓。古制有同姓不婚，故后文说鲁君不知礼。**吴孟子：**鲁君所娶的吴国夫人，按惯例应叫吴姬，鲁君为掩盖同姓不婚的丑事，特叫作吴孟子。

译文

陈司败向孔子了解鲁昭公懂不懂礼，孔子道：『懂礼。』

孔子走后，陈司败便向巫马期作了个揖，请他走近，然后说道：『我听说君子无所偏袒，难道孔子竟偏袒吗？鲁君从吴国娶了位夫人，鲁国与吴国同为姬姓，（于是将她改名换姓，）叫她吴孟子。鲁君若是懂得礼，谁不懂得礼呢？』

巫马期把这话转告给孔子，孔子说：『我真幸运，假若有错误，人家一定知道并指出来。』

子與人歌而善。必使反之。而後和之。

子曰。文。莫吾猶人也。躬行君子。則吾未之有得。

子曰。若聖與仁。則吾豈敢。抑為之不厭。誨人不倦。則可謂云爾已矣。公西華曰。正唯弟子不能學也。

原文

32 子与人歌而善，必使反之，而后和之。

33 子曰：『文，莫吾犹人也。躬行君子，则吾未之有得。』

34 子曰：『若圣与仁，则吾岂敢？抑为之不厌，诲人不倦，则可谓云尔已矣。』公西华曰：『正唯弟子不能学也。』

注释

善：赞善。**反：**反复。**莫：**意为大约。

为之不厌：躬行而不懈怠。

译文

孔子同别人一起唱歌，如果唱得好，一定请他再唱一遍，然后自己又跟着唱。

孔子说：『书本上的学问，大约我同别人差不多。在生活实践中做一个君子，那我做得还不够好。』

孔子道：『如果说我是圣人和仁人，我怎么敢当？不过，永不满足地提高修养，不厌其烦地教育学生，那我是能做到的。』公西华道：『这正是我们这些弟子学不到的。』

子疾病。子路請禱。子曰。有諸。子路對曰。有之。誄曰。禱爾於上下神祇。子曰。丘之禱久矣。

子曰。奢則不孫。儉則固。與其不孫也。寧固。

原文

35 子疾病，子路请祷。子曰：『有诸？』子路对曰：『有之；诔曰：「祷尔于上下神祇。」』子曰：『丘之祷久矣。』

36 子曰：『奢则不孙，俭则固。与其不孙也，宁固。』

注释

疾病：古代合称，一般指重病。**诔：**音lěi，祈祷文。**上下神祇：**即上神下祇。祇，音qí，指地神，与天神相对。

译文

孔子病重，子路请求祈祷。孔子道：『有这回事吗？』子路答道：『有的；《诔文》说过：「我可以替你向天神地祇祈祷。」』孔子道：『我早就祈祷过了。』

孔子说：『太过奢豪就显得骄狂，太过俭朴就显得固陋。与其骄狂，宁可固陋。』

子曰。君子坦蕩蕩。小人長戚戚。

子温而厲。威而不猛。恭而安。

原文

37 子曰："君子坦荡荡，小人长戚戚。"

38 子温而厉，威而不猛，恭而安。

注释

坦荡荡：指心地坦然宽阔。**长戚戚：**指内心经常纠结忧愁。**恭而安：**庄严而安详。

译文

孔子说："君子心地坦然宽广，小人却经常局促忧愁。"

孔子温和而严厉，有威仪而不凶猛，庄严而安详。

泰伯篇第八

○

本篇中有这样一些内容值得重视：

一是孔子通过对上古时期尧、舜、泰伯、周公等圣贤的赞美，强调德政与仁政的重要性。这是孔子对政治的一贯态度，他反对暴政，也反对苛政，更反对统治者的骄奢淫逸。但其中有一句“民可使由之，不可使知之”，经常会被人理解为孔子是主张愚民政策的。从《论语》全书的内容及孔子一贯的思想看，其实是一种误读。朱熹集注中引程子对孔子这句话的解释，是比较准确的。程子说：“圣人设教，非不欲人家喻而户晓也，然不能使之知，但能使之由之尔。若曰圣人不使民知，则是后世朝四暮三之术也，岂圣人之心乎？”

二是孔子以“礼”对“恭”“慎”“勇”“直”等美德做了约束性规定，认为如果缺乏“礼”，上述这些美德就会走向反面，变成“劳”“葸”“乱”“绞”。我们在《八佾》篇中就已经看到，孔子对“礼”特别重视，认为“礼”是人类社会秩序的反映；在这里，他进一步运用到对德性的匡正，可以说是又进了一步，上升到了形而上的层面，类似他极为重视的“中庸之道”。

三是孔子倡导一种“有道则见，无道则隐”的处世观。这是孔子总结了历史经验而提出的一种君子之道，即既不一味遁世，也不一味直行。以前有人批评这是一种明哲保身的哲学，但从孔子的本意来看，是倡导一种方便法门，不使自己造成无谓的牺牲。

本篇中还记载了多段曾子的话，学术界据此认为，《论语》一书的结集，可能是曾子的弟子所为。

子曰。泰伯。其可謂至德也已矣。三以天下讓。民無得而稱焉。

子曰。恭而無禮則勞。慎而無禮則葸。勇而無禮則亂。直而無禮則絞。君子篤於親。則民興於仁。故舊不遺。則民不偷。

原文

01

子曰：『泰伯，其可谓至德也已矣。三以天下让，民无得而称焉。』

02

子曰：『恭而无礼则劳，慎而无礼则葸，勇而无礼则乱，直而无礼则绞。君子笃于亲，则民兴于仁；故旧不遗，则民不偷。』

注释

泰伯：亦作『太伯』，周朝祖先古公亶父的长子，为让位于二弟季历，故意与大弟仲雍一起逃至吴地，成为吴国的始祖。**三以天下让：**三次辞让天下大位。**无得：**无法找到合适之辞。**劳：**劳顿。**葸：**音xǐ，害怕、懦弱。**绞：**刻薄伤人。**遗：**遗弃。**偷：**感情淡薄。

译文

孔子说：『泰伯的品德高尚极了。屡次把天下让给季历，老百姓简直找不出恰当的词语来称赞他。』

孔子说：『太恭敬而不以礼节之，可能会徒劳无功；太谨慎而不以礼节之，就流于畏葸懦弱；太勇猛而不知礼，就会盲动闯祸；心直口快，却不知礼，就会尖刻伤人。如果有德的人能用深厚感情对待至亲，那老百姓也会崇尚仁爱；如果有德的人不遗弃他的故旧友朋，那老百姓就不致对人冷淡无情。』

曾子有疾。召門弟子曰。啟予足。啟予手。詩云。戰戰兢兢。如臨深淵。如履薄冰。而今而後。吾知免夫。小子。

原文

03

曾子有疾，召门弟子曰：『启予足！启予手！诗云：「战战兢兢，如临深渊，如履薄冰。」而今而后，吾知免夫！小子！』

注释

启：观察。

译文

曾参病了，把他的弟子召集过来，说道：『看看我的脚！看看我的手！《诗经》上说：「小心呀！谨慎呀！好像站在深渊之旁，好像踩在薄冰之上。」从今以后，我才晓得自己是可以免于祸害刑戮的了！弟子们！』

曾子有疾。孟敬子問之。曾子言曰。鳥之將死。其鳴也哀。人之將死。其言也善。君子所貴乎道者三。動容貌。斯遠暴慢矣。正顏色。斯近信矣。出辭氣。斯遠鄙倍矣。籩豆之事。則有司存。

04

原文

曾子有疾，孟敬子问之。曾子言曰：『鸟之将死，其鸣也哀；人之将死，其言也善。君子所贵乎道者三：动容貌，斯远暴慢矣；正颜色，斯近信矣；出辞气，斯远鄙倍矣。笾豆之事，则有司存。』

注释

孟敬子：人名，仲孙捷，鲁国大夫。**暴慢：**粗暴怠慢。**鄙倍：**粗鄙错误。倍，通『背』。**笾豆：**古代祭祀用的礼器，笾，音biān，为竹制品；豆，为木制品。**有司：**主管祭祀的小吏。

译文

曾参病了，孟敬子来探问他。曾子说：『鸟要死了，鸣声是悲哀的；人要死了，说出的话是善意的。君子待人接物有三方面应该注重：表情动人，就可以避免别人的粗暴和怠慢；端正自己的脸色，就容易使人信任；说话的时候多考虑言辞和声调，就可以避免庸俗荒谬。至于礼仪的细节，自有主管人员负责。』

曾子曰。以能問於不能。以多問於寡。有若無。實若虛。犯而不校。昔者吾友嘗從事於斯矣。

原文

05

曾子曰：『以能问于不能，以多问于寡；有若无，实若虚；犯而不校——昔者吾友尝从事于斯矣。』

注释

犯而不校： 被侵犯而不计较。校，通『较』。**吾友：** 有人认为指颜回。

译文

曾子说：『有能力却向无能力的人请教，知识丰富却向知识缺少的人请教；有学问却像没有学问一样，满腹经纶却像空无所有一样；即使被冒犯，也不计较——从前我的一位朋友便曾这样做的。』

曾子曰。可以託六尺之孤。可以寄百里之命。臨大節而不可奪也。君子人與。君子人也。

曾子曰。士不可以不弘毅。任重而道遠。仁以爲己任。不亦重乎。死而後已。不亦遠乎。

原文

06 曾子曰：『可以托六尺之孤，可以寄百里之命，临大节而不可夺也——君子人与？君子人也。』

07 曾子曰：『士不可以不弘毅，任重而道远。仁以为己任，不亦重乎？死而后已，不亦远乎？』

注释

六尺之孤：指孤儿。六尺，古代度制，约合今天的一百三十八厘米。**百里之命：**指国家命脉。百里，即百里之国，是中等的诸侯国。**弘毅：**意为刚强而有毅力。弘，即『强』。**仁以为己任：**即『以仁为己任』。

译文

曾子说：『可以把孤儿和国家的命脉都交付给他，面临安危存亡的紧要关头，却不动摇屈服——这种人，是君子之人吗？是君子之人哩。』

曾子说：『有志者不可以不培养坚强的意志，因为他担负的责任重大，要走的路还十分遥远。以实现仁德于天下为己任，责任的担子能不沉重吗？到死方休，路途还不遥远吗？』

子曰。興於詩。立於禮。成於樂。

子曰。民可使由之。不可使知之。

子曰。好勇疾貧。亂也。人而不仁。疾之已甚。亂也。

子曰。如有周公之才之美。使驕且吝。其餘不足觀也已。

原文

08 子曰：『兴于诗，立于礼，成于乐。』

09 子曰：『民可使由之，不可使知之。』

10 子曰：『好勇疾贫，乱也；人而不仁，疾之已甚，乱也。』

11 子曰：『如有周公之才之美，使骄且吝，其余不足观也已。』

注释

兴：意为振奋。**立**：意为依立。**成**：意为学有所成。**乐**：音乐。古代都与『礼』相连，合称为『礼乐』。**由**：意为顺道而行。**疾**：厌恶。**乱**：意为祸害。**吝**：吝啬。

译文

孔子说：『诗篇使我振奋，礼仪使我能在社会上站得住，音乐使我娱悦身心，学有所成。』

孔子说：『对老百姓，可以使他们照着我们指定方式去行动，要让他们理解其中的道理，那是难以办到的。』

孔子说：『崇尚勇猛而讨厌贫困，是一种祸害；没有仁爱之心，容易过分怨恨，也是一种祸害。』

孔子说：『即使才能与德行真比得上周公，但如果骄傲或吝啬，别的方面也就不值得一提了。』

子曰。三年學。不至於穀。不易得也。

子曰。篤信好學。守死善道。危邦不入。亂邦不居。天下有道則見。無道則隱。邦有道。貧且賤焉。恥也。邦無道。富且貴焉。恥也。

原文

12 子曰：『三年学，不至于谷，不易得也。』

13 子曰：『笃信好学，守死善道。危邦不入，乱邦不居。天下有道则见；无道则隐。邦有道，贫且贱焉，耻也；邦无道，富且贵焉，耻也。』

注释

谷：指俸禄，引申为做官。**见：**通『现』，意为出仕。**隐：**退隐、隐居。

译文

孔子说：『读书三年并不存做官的念头，这是难得的。』

孔子说：『坚定信念，认真学习，誓死保卫正义之道。不进入危险的地方，不居住祸乱的国家。天下太平时，就出来一展才华；不太平时则隐姓埋名。治世中，贫贱是耻辱；乱世中，富贵也是耻辱。』

子曰。不在其位。不謀其政。

子曰。師摯之始。關雎之亂。洋洋乎盈耳哉。

子曰。狂而不直。侗而不愿。悾悾而不信。吾不知之矣。

原文

14 子曰：『不在其位，不谋其政。』

15 子曰：『师挚之始，关雎之乱，洋洋乎盈耳哉！』

16 子曰：『狂而不直，侗而不愿，悾悾而不信，吾不知之矣。』

注释

位：官位。**师挚：**鲁国的太师，名挚。**始：**指乐曲的开始，皆为太师所奏。**乱：**乐曲的终结，一般以『合乐』（合唱）形式完成。**洋洋：**美盛的样子。**侗而不愿：**侗，音tóng，无知。愿，不厚道。**悾悾：**无能的样子。悾，音kōng。

译文

孔子说：『不在那个位置上，就不考虑那个位置上的事。』

孔子说：『当太师挚开始演奏的时候，当结尾演奏《关雎》之曲的时候，满耳朵都是美妙的音乐呀！』

孔子说：『狂妄而不直率，幼稚而不老实，无能而不讲信用，这种人我实在是不能理解的。』

子曰。學如不及。猶恐失之。

子曰。巍巍乎。舜禹之有天下也而不與焉。

子曰。大哉堯之為君也。巍巍乎。唯天為大。唯堯則之。蕩蕩乎。民無能名焉。巍巍乎其有成功也。煥乎其有文章。

原文

17 子曰：『学如不及，犹恐失之！』

18 子曰：『巍巍乎，舜禹之有天下也而不与焉！』

19 子曰：『大哉尧之为君也！巍巍乎！唯天为大，唯尧则之。荡荡乎，民无能名焉。巍巍乎其有成功也，焕乎其有文章！』

注释

禹：夏代的创始者，被儒家尊为古代的圣君，向以『尧舜禹汤』并称。**与：**读去声，意为参与，此处引申为私有、享有。**则：**楷模，作动词。**焕：**光明的样子。

译文

孔子说：『做学问犹如赛跑，要抱有生怕赶不上，赶上了又怕丢失的心态。』

孔子说：『舜和禹真是崇高呀！贵为天子，富有四海，却一点也不为自己。』

孔子说：『尧真是伟大啊！真是崇高呀！世上最高最大的只有天，而唯有尧能以天为榜样。他的恩惠真是广博呀！百姓不知如何称颂他。他的功绩实在太伟大了，他建立的礼乐文化是那么灿烂！』

舜有臣五人而天下治。武王曰。予有亂臣十人。孔子曰。才難。不其然乎。唐虞之際。於斯為盛。有婦人焉。九人而已。三分天下有其二。以服事殷。周之德。其可謂至德也已矣。

原文

20

舜有臣五人而天下治。武王曰：『予有乱臣十人。』孔子曰：『才难，不其然乎？唐虞之际，于斯为盛。有妇人焉，九人而已。三分天下有其二，以服事殷。周之德，其可谓至德也已矣。』

注释

有臣五人：舜时的五位贤臣，即禹、稷、契、皋陶、伯益。**乱臣十人：**周武王时治乱的十位良臣，即周公旦、召公、太公望、毕公、荣公、太颠、闳夭、散宜生、南宫适，另有一人为文母。**才难：**人才难得。**唐虞：**分别为尧、舜的号，因此史籍常称『唐尧虞舜』。

译文

舜有五位贤臣便使天下太平。武王也说过：『我有十位能治理天下的贤才。』孔子因此说道：『人才不易得，难道不是这样吗？唐尧和虞舜之间，人才最兴盛。武王的十位人才之中还有一位女性。周文王得了三分之二的天下，却仍然向商纣称臣，周朝的道德，可以说是最高的了。』

子曰。禹。吾無間然矣。菲飲食而致孝乎鬼神。惡衣服而致美乎黻冕。卑宮室而盡力乎溝洫。禹。吾無間然矣。

原文

21

子曰：『禹，吾无间然矣。菲饮食而致孝乎鬼神，恶衣服而致美乎黻冕，卑宫室而尽力乎沟洫。禹，吾无间然矣。』

注释

间：缝隙，意为有缺点而非议之。**菲饮食**：饭食很差。菲，薄。**恶衣服**：衣着很破旧。恶，鄙陋、破旧。**黻冕**：祭祀用的礼服与礼帽。黻，音fú。**卑宫室**：宫室建得很差。**沟洫**：沟渠，指水利工程。

译文

孔子说：『禹，我对他没有非议。他自己吃得很差，却把祭品办得极丰盛；自己穿得很破旧，却把祭服做得极华美；自己住得很差，却尽力兴修水利工程。禹，我对他无可挑剔。』

子罕篇第九

本篇有这样一些内容值得重视：

一是首段“子罕言利与命与仁”。历代对此多有异解，朱熹引程子的话：“计利则害义，命之理微，仁之道大，皆夫子所罕言也。”但查考《论语》全书，虽然谈“命”的地方确实较少，但谈“利”的地方不少，而谈“仁”的地方更多。所以后世学者或句读为“子罕言利，与命与仁”，把“与”释为“赞美”，全句的意思就成了“孔子很少谈利，但赞美命与仁”。但从《论语》中看出，虽然孔子对“仁”是大加赞美，却对“命”向来讳莫如深。笔者认为，这里的“与”是“联系”之义，全句的意思是：孔子很少将利与命和仁联系起来谈。因为“命”与“仁”都是形而上层面的，“利”是形而下层面的，它们很难联系在一起。

二是第四段“子绝四：毋意、毋必、毋固、毋我”。“意、必、固、我”，其义已作注释，不再重复。而究其竟，此四者都有“偏执”之义，所以孔子要绝除这四种习气，以免沦为小人之列。这一思想，后来被某些学者与佛教的“破执”思想联系起来，用以倡导儒释之融合。

三是孔子对“志气”等美德的倡导。孔子说：“三军可夺帅也，匹夫不可夺志也。”又说：“岁寒，然后知松柏之后凋也。”这两句话，都是在弘扬一种不可屈服的志气，历来为士大夫所称扬，在当今仍有十分积极的意义。另外，“知者不惑，仁者不忧，勇者不惧”，是对“知、仁、勇”三德的很好诠释，十分精辟，启人良思。

子罕言利與命與仁。

達巷黨人曰。大哉孔子。博學而無所成名。子聞之。謂門弟子曰。吾何執。執御乎。執射乎。吾執御矣。

原文

01 子罕言利与命与仁。

02 达巷党人曰：『大哉孔子！博学而无所成名。』子闻之，谓门弟子曰：『吾何执？执御乎？执射乎？吾执御矣。』

注释

罕：很少。**达巷党人**：达巷，街巷名。党，乡党、乡人。**执**：从事。

译文

孔子很少将功利与命运和仁德联系在一起谈论。

达巷的人说：『孔子真伟大！学问广博，可惜却无一项专长使他成名。』孔子听了这话，就对学生们说：『我干什么呢？赶车呢？还是做射手呢？我还是选择驾车吧。』

子曰。麻冕。禮也。今也純。儉。吾從衆。拜下。禮也。今

拜乎上。泰也。雖違衆。吾從下。

子绝四。毋意。毋必。毋固。毋我。

原文

03 子曰：『麻冕，礼也；今也纯，俭，吾从众。拜下，礼也；今拜乎上，泰也。虽违众，吾从下。』

04 子绝四：毋意，毋必，毋固，毋我。

注释

麻冕：麻做的礼帽。**纯：**黑色的丝。**拜下：**先在堂下磕头。**拜乎上：**直接升堂磕头。**泰：**倨傲。**从下：**遵从拜下的礼节。**意：**凭空揣测。**必：**绝对肯定。**固：**固执己见。**我：**唯我独尊。

译文

孔子说：『礼帽用麻料来织，这是合乎传统礼仪的；今天大家都用丝料，这样省俭些，我赞同大家的做法。臣见君，先在堂下磕头，然后升堂又磕头，这是合乎传统礼仪的；今天大家都免除了堂下的磕头，只升堂后磕头，这是倨傲的表现。虽然违反了大家，我仍然主张要先在堂下磕头。』

孔子一生都在杜绝这四种毛病——不凭空揣测，不绝对肯定，不拘泥固执，不唯我独尊。

子畏於匡。曰。文王既没。文不在兹乎。天之将丧斯文也。後死者不得與於斯文也。天之未丧斯文也。匡人其如予何。

原文

05 子畏于匡，曰：『文王既没，文不在兹乎？天之将丧斯文也，后死者不得与于斯文也；天之未丧斯文也，匡人其如予何？』

注释

畏于匡：被匡人所拘禁。畏，意为拘监。匡，地名，在卫国与陈国之间。**没：**去世。**兹：**此。孔子自谓。

译文

孔子在匡地被拘禁，他说：『周文王去世后，一切文化遗产不都在我这里吗？上天若是要消灭这种文化，那我死后也不会掌握这些文化了；上天若是不想消灭这种文化，那匡人能把我怎么样呢？』

大宰問於子貢曰。夫子聖者與。何其多能也。子貢曰。固天縱之將聖。又多能也。子聞之曰。大宰知我乎。吾少也賤。故多能鄙事。君子多乎哉。不多也。

原文

06

大宰问于子贡曰：『夫子圣者与？何其多能也？』子贡曰：『固天纵之将圣，又多能也。』子闻之，曰：『大宰知我乎！吾少也贱，故多能鄙事。君子多乎哉？不多也。』

注释

大宰：即『太宰』，官职名。**纵**：放纵，意为任由。**贱**：贫贱。**鄙事**：鄙贱之事。

译文

太宰向子贡问道：『孔老先生是位圣人吗？为什么这样多才多艺呢？』子贡道：『这本是上天让他成为圣人，又使他多才多艺。』孔子听到，便道：『太宰哪里了解我呀！我小时候穷苦，所以学会了不少鄙贱的技艺。真正的君子会有很多技艺吗？并不多啊！』

牢曰。子云。吾不試。故藝。

子曰。吾有知乎哉。無知也。有鄙夫問於我。空空如也。我叩其兩端而竭焉。

原文

07 牢曰：『子云：「吾不试，故艺。」』

08 子曰：『吾有知乎哉？无知也。有鄙夫问于我，空如也。我叩其两端而竭焉。』

注释

牢：人名，有说是孔子的学生，但不确切。**试：**用，意为被国家所用。**艺：**技艺，用作动词。**鄙夫：**指贫民，一般与士大夫相对。**叩其两端而竭焉：**从首尾两方面查问方才弄清。

译文

牢说：『我听孔子说过：「我不被国家所重用，反而学会了不少技艺。」』

孔子说：『我很有知识吗？没有哩。有个乡下人向我请教，我却一无所知。我从他那个问题的首尾两头去盘问，然后尽我所能回答他。』

子曰。鳳鳥不至。河不出圖。吾已矣夫。

子見齊衰者。冕衣裳者與瞽者。見之。雖少。必作。過之。必趨。

原文

09 子曰：『凤鸟不至，河不出图，吾已矣夫！』

10 子见齐衰者、冕衣裳者与瞽者，见之，虽少，必作；过之，必趋。

注释

凤鸟不至，河不出图：凤凰不飞来，黄河不出图。凤凰传为神鸟，其出现就有瑞祥之兆；河图出现，传为圣人受命。两者皆喻天下清明。**已：**完结。**齐衰：**音zī cuī，古代的一种丧服。**冕衣裳：**冕，官帽。衣裳，上为衣，下为裳。**瞽：**盲者。**作：**站起。**趋：**快走。

译文

孔子说：『凤凰不飞来了，黄河也没有图画出来了，我这一生恐怕要终结了吧！』

孔子看见穿丧服的人、穿戴着礼帽礼服的人以及盲人，相见的时候，哪怕他们很年轻，孔子也一定站起身来；走过的时候，他一定快步经过。

顏淵喟然歎曰。仰之彌高。鑽之彌堅。瞻之在前。忽焉在後。夫子循循然善誘人。博我以文。約我以禮。欲罷不能。既竭吾才。如有所立卓爾。雖欲從之。末由也已。

原文

11

颜渊喟然叹曰：『仰之弥高，钻之弥坚。瞻之在前，忽焉在后。夫子循循然善诱人，博我以文，约我以礼，欲罢不能。既竭吾才，如有所立卓尔。虽欲从之，末由也已。』

注释

仰之弥高，钻之弥坚：越抬头看越觉得高远，越埋头钻研越觉得扎实。皆形容孔子的人品与学问。**瞻之在前，忽焉在后：**看着似在前面，忽然又到后面去了。也是形容孔子的人品与学问。**立卓：**卓然而立。**末由：**没法跟随。

译文

颜渊感叹道：『老师之道，越抬头看，越觉得高；越努力钻研，越觉得深。看着似乎在前面，忽然又像到后面去了。老师善于有步骤地引导我们，用各种文献来丰富我们的知识，用礼节来约束我们的行为，我们想停止学习都不可能。我已经用尽自己的才力，似乎能够独立处世了。但要想再向前迈进一步，又不知怎样着手了。』

子疾病。子路使門人為臣。病間。曰。久矣哉。由之行詐也。無臣而為有臣。吾誰欺。欺天乎。且予與其死於臣之手也。無寧死於二三子之手乎。且予縱不得大葬。予死於道路乎。

原文

12

子疾病，子路使门人为臣。病间，曰：『久矣哉，由之行诈也！无臣而为有臣。吾谁欺？欺天乎？且予与其死于臣之手也，无宁死于二三子之手乎？且予纵不得大葬，予死于道路乎？』

注释

臣：此指治丧者。按古代礼制，只有诸侯之丧才配用臣，卿大夫用臣便是僭越。**间：**间隙。此指病情稍好。**无臣而为有臣：**不配用臣而用臣。意为僭行礼制。

译文

孔子病重，子路便命孔子的学生充当治丧者，准备料理丧事。后来孔子的病渐渐好些了，就说：『仲由干这种欺假的事情很久了呀！我本不该有治丧的组织，却一定要使人组织治丧。我欺哄谁呢？欺哄上天吗？我与其死在治丧的人之手，不如由你们这些亲近的学生为我送终啊，即使不能按照大夫的葬礼来办理丧葬，难道我会死在路上吗？』

子貢曰。有美玉於斯。韞匵而藏諸。求善賈而沽諸。子曰。沽之哉。沽之哉。我待賈者也。

子欲居九夷。或曰。陋。如之何。子曰。君子居之。何陋之有。

原文

13 子贡曰：『有美玉于斯，韫椟而藏诸？求善贾而沽诸？』子曰：『沽之哉！沽之哉！我待贾者也。』

14 子欲居九夷。或曰：『陋，如之何？』子曰：『君子居之，何陋之有？』

注释

韫椟：韫，音yùn，藏。椟，柜子。**贾：**古音gǔ，商人；又一说同『价』，意为价钱。**沽：**卖。**九夷：**淮夷，散居于淮、泗之间的落后民族，曾被鲁国所降服。

译文

子贡道：『这里有一块美玉，是把它放在柜子里珍藏起来呢，还是找一个识货的商人卖掉呢？』孔子说：『卖掉它吧！卖掉它吧！我在等待识货者呢。』

孔子想搬到九夷去住。有人说：『那地方非常简陋，怎么能住？』孔子道：『有君子去住，就不简陋了。』

子曰。吾自衛反魯。然後樂正。雅頌各得其所。

子曰。出則事公卿。入則事父兄。喪事不敢不勉。不爲酒困。何有於我哉。

原文

15 子曰：『吾自卫反鲁，然后乐正，雅、颂各得其所。』

16 子曰：『出则事公卿，入则事父兄，丧事不敢不勉，不为酒困，何有于我哉？』

注释

乐正：即『正乐』，意为整理乐章。**雅、颂：**《诗经》的两部分。**公卿：**泛指诸侯与士大夫。**困：**困扰。

译文

孔子说：『我从卫国回到鲁国，才把音乐整理出来，使《雅》归《雅》，《颂》归《颂》，各有适当的安置。』

孔子说：『出外便侍奉公卿，入门便侍奉父兄，办丧事不敢不尽礼，不被酒所困扰，这些事我做到了哪些呢？』

子在川上。曰。逝者如斯夫。不舍晝夜。

子曰。吾未見好德如好色者也。

子曰。譬如為山。未成一簣。止。吾止也。譬如平地。雖覆一簣。進。吾往也。

原文

17 子在川上，曰：『逝者如斯夫！不舍昼夜。』

18 子曰：『吾未见好德如好色者也。』

19 子曰：『譬如为山，未成一篑，止，吾止也。譬如平地，虽覆一篑，进，吾往也。』

注释

好德如好色：喜爱仁德犹如喜爱美色。**为山：**意为堆土为山。**篑：**音kuì，筐子。**平地：**铺平地面。

译文

孔子在河边，叹道：『消逝的时光像河水一样呀！日夜不停地流去。』

孔子说：『我没有见过像好色那样好德的人。』

孔子说：『好比堆土成山，只要再加一筐土便成山了，这时停下来，这是自己要停止的。又好比平整土地，虽是刚刚铺下一筐土，如果决心继续，还是要自己努力坚持下去啊！』

子曰。語之而不惰者。其回也與。

子謂顏淵。曰。惜乎。吾見其進也。未見其止也。

子曰。苗而不秀者有矣夫。秀而不實者有矣夫。

原文

20 子曰：『语之而不惰者，其回也与！』

21 子谓颜渊，曰：『惜乎！吾见其进也，未见其止也。』

22 子曰：『苗而不秀者有矣夫！秀而不实者有矣夫！』

注释

惰：懈怠。**惜乎：**可惜啊。此感叹颜渊英年早夭。**进：**指为学修德有进步，与下文的『止』相对。**苗而不秀：**禾苗生长而不开花。秀，指开花。**秀而不实：**开花而不结果。

译文

孔子说：『听我的话始终不懈怠的，大概只有颜回吧！』

孔子谈到颜渊，说道：『他死得可惜呀！我只看见他不断地前进，从没看到过他停止。』

孔子说：『植物有只长苗却不吐穗开花的时候吧！有吐穗开了花却不结果实的时候吧！』

子曰。後生可畏。焉知來者之不如今也。四十。五十而無聞焉。斯亦不足畏也已。

子曰。法語之言。能無從乎。改之爲貴。巽與之言。能無說乎。繹之爲貴。說而不繹。從而不改。吾末如之何也已矣。

原文

23 子曰：『后生可畏，焉知来者之不如今也？四十、五十而无闻焉，斯亦不足畏也已。』

24 子曰：『法语之言，能无从乎？改之为贵。巽与之言，能无说乎？绎之为贵。说而不绎，从而不改，吾末如之何也已矣。』

注释

无闻：没有成就名望。闻，闻达。**法语：**正确而合规的言论。**巽与：**委婉和顺。巽，音xùn。**说：**通『悦』。**绎：**推演。

译文

孔子说：『年少的人是可敬畏的，怎能断定他们将来赶不上现在的人呢？一个人到了四五十岁还没有什么名望，也就不值得敬畏了。』

孔子说：『听到正确而合乎礼法的话，能够不接受吗？但只有改正错误才可贵。听到顺从己意的话，能够不高兴吗？但只有分析鉴别以后才可贵。只顾高兴而不加分析，表面接受而实际不改，对这种人我不知如何办是好。』

子曰。主忠信。毋友不如己者。過則勿憚改。

子曰。三軍可奪帥也。匹夫不可奪志也。

原文

25 子曰：『主忠信，毋友不如己者，过则勿惮改。』

26 子曰：『三军可夺帅也，匹夫不可夺志也。』

注释

前段为衍文，在前面『学而篇』中已经出现过。**帅**：主帅。**匹夫**：男子汉，引申为一般人。

译文

孔子说：『君子应该亲近忠诚和讲信义的人，不要主动结交不如自己的人，有了过错不要害怕改正。』

孔子说：『可以用三军强行拿下一国的主帅，但一个人的志向是不会被轻易夺去的。』

子曰。衣敝緼袍。與衣狐貉者立。而不耻者。其由也與。不忮不求。何用不臧。子路終身誦之。子曰。是道也。何足以臧。

子曰。歲寒。然後知松柏之後彫也。

子曰。知者不惑。仁者不憂。勇者不懼。

原文

27 子曰：『衣敝缊袍，与衣狐貉者立，而不耻者，其由也与？「不忮不求，何用不臧？」』子路终身诵之。子曰：『是道也，何足以臧？』

28 子曰：『岁寒，然后知松柏之后彫也。』

29 子曰：『知者不惑，仁者不忧，勇者不惧。』

注释

衣：读去声，作动词，意为『穿』。**缊**：音yùn，旧棉絮。**貉**：音hé，又音háo。俗称貉子，也叫狸。**忮**：音zhì，害。**臧**：善。**彫**：同『凋』，凋零。**知**：同『智』。

译文

孔子说：『穿着破烂的旧棉袍和穿着狐貉裘的人站在一起而不觉得惭愧的，恐怕只有仲由吧！《诗经》上说：「不嫉妒，不贪求，有什么不好？」』子路听了，便一直念着这两句诗。孔子又说：『仅仅做到这个样子，又怎么算得上好呢？』

孔子说：『寒冷的季节到了，才知道松柏的叶子是最后凋零的。』

孔子说：『智慧的人不会受困于外物，仁德的人不会忧愁，勇敢的人无所畏惧。』

子曰。可與共學。未可與適道。可與適道。未可與立。可與立。未可與權。

唐棣之華。偏其反而。豈不爾思。室是遠而。子曰。未之思也。夫何遠之有。

原文

30 子曰：『可与共学，未可与适道；可与适道，未可与立；可与立，未可与权。』

31 『唐棣之华，偏其反而。岂不尔思？室是远而。』子曰：『未之思也，夫何远之有？』

译文

孔子说：『可以同他一起学习的人，未必可以同他一起遵道而行；可以同他一起遵道而行的人，未必可以同他一起立身处世；可以同他一起立身处世的人，未必可以同他一起做到通权达变。』

古诗有句：『唐棣树的花，翩翩地摇摆。我难道不思念你吗？只因为家住得太遥远了。』（对于这四句诗，）孔子评价道：『那是没有真正思念啊，真的思念，又怎么会觉得遥远呢？』

注释

适道：意为同道而行。**立：**立志笃守。**权：**通达权变。**『唐棣之华……室是远而』一句：**古诗大意为『唐棣树的花，反复飘摇，我难道不想你吗？只因家离得远。』唐棣，一种植物，有称是郁李。华，同『花』。尔思，『思尔』的倒装。

鄉黨篇第十

○

本篇是对孔子日常行为的描述，应该是孔子弟子通过平时观察而记录下来的，故十分真切。这篇看似少有精辟之句，但内容相当丰富，细细读来，趣味无穷。

如篇中记到孔子面对乡亲时，老实得像不会说话一样；在朝会时，与下大夫交流侃侃而谈，与上大夫交流则是和颜悦色，国君临朝了则一副恭敬不安的样子；国君授以接宾使命时，则一脸的严肃，作揖不乱分寸，连衣服前后摆动皆十分整齐，走路则疾趋而进，如鸟舒翼；退朝时，走下一级台阶才放松脸色，走完最后一级台阶才快速离去；等等。这些看似十分琐碎的记述，实则展示了孔子恪守礼制的行为。

从本篇能看出，孔子重礼，不仅反映在如上这些大事上，还反映在日常衣食住行等各个方面。如饮食方面，孔子对色、香、味甚至形状方面都十分讲究，凡不符合要求的，如座位摆得不正也不吃。这些“讲究”，实际都蕴含着礼仪的内容在里面，细细品味，既感到有趣，也觉得大有深意。

所以读《乡党》篇，是了解孔子为人处世的最好途径。

另外，本篇中有两则小故事，也是历来为人所称道的。一是孔子家的马厩失火，孔子退朝回家知道了，只问伤人了没有，而不问马的事情；二是有朋友死了，贫穷无所葬，孔子说“我来办丧”。这两件事，反映了孔子的仁爱之心。

孔子於鄉黨。恂恂如也。似不能言者。其在宗廟朝廷。便便言。唯謹爾。

朝。與下大夫言。侃侃如也。與上大夫言。誾誾如也。君在。踧踖如也。與與如也。

原文

01 孔子于乡党，恂恂如也，似不能言者。其在宗庙朝廷，便便言，唯谨尔。

02 朝，与下大夫言，侃侃如也；与上大夫言，訚訚如也。君在，踧踖如也，与与如也。

注释

乡党：乡亲。**恂恂**：恭顺的样子。恂，音xún。**便便**：说话明白流畅。便，旧读pián。**谨**：谨慎。**朝**：上朝。**侃侃**：刚直而畅快。**訚訚**：和悦而恭敬。訚，音yín。**踧踖**：恭敬不宁，音cù jí。**与与**：仪态安详。

译文

孔子对乡亲非常恭顺，好像不太会说话的样子。他在宗庙和朝廷上，说话明白而流畅，只是说得很谨慎。

孔子上朝的时候，（君主还没到来，）同下大夫谈话，温和而快乐的样子；同上大夫谈话，正直而恭敬的样子。君主临朝时，他看似恭敬而心中不安的样子，但仪态安详平稳的样子。

君召使擯。色勃如也。足躩如也。揖所與立。左右手。衣前後。襜如也。趨進。翼如也。賓退。必復命曰。賓不顧矣。

原文

03

君召使摈，色勃如也，足躩如也。揖所与立，左右手，衣前后，襜如也。趋进，翼如也。宾退，必复命曰：『宾不顾矣。』

注释

摈：同『宾』。**勃**：庄重矜持。**躩**：音jué，快速。**左右手**：或左手作揖，或右手作揖。**衣前后**：衣裳随作揖而前后摆动。**襜**：音chān，整齐。**趋进**：快速向前。**翼**：如鸟儿展翅。**顾**：回头。

译文

鲁君派孔子去接待外国的贵宾，孔子面色矜持庄重，脚步也快起来。向两旁的人作揖，或者向左拱手，或者向右拱手，衣裳一俯一仰，却很整齐。快步走向前时，好像鸟儿舒展了翅膀。贵宾辞别后，他一定向君主汇报说：『客人已经确定离开了。』

入公門。鞠躬如也。如不容。立不中門。行不履閾。

過位。色勃如也。足躩如也。其言似不足者。

攝齊升堂。鞠躬如也。屏氣似不息者。

出。降一等。逞顏色。怡怡如也。

沒階。趨進。翼如也。復其位。踧踖如也。

04

原文

入公门，鞠躬如也，如不容。立不中门，行不履阈。过位，色勃如也，足躩如也，其言似不足者。摄齐升堂，鞠躬如也，屏气似不息者。出，降一等，逞颜色，怡怡如也。没阶，趋进，翼如也。复其位，踧踖如也。

注释

公门：指朝廷的大门。**鞠躬：**意为恭敬。此处并非用作动词。**如不容：**好像没有容身之所。**立不中门，行不履阈：**不站在门中间，不踩踏门槛。阈，音yù，门限、门槛。**过位：**经过国君的大位。**摄齐：**提着衣裳的下摆。齐，音zī，衣裳的下摆。**屏气：**屏住气息，表示恭敬。**逞颜色：**面色放松。**没阶：**下完台阶。

译文

孔子走进朝廷宫门，恭敬而谨慎的样子，好像没有容身之地。站，不在门的中间；走，不踩门槛。经过国君的座位，面色便矜庄，脚步也快，说话的声音低微得像气力不足似的。他提起衣服的下摆走上堂去，恭敬谨慎的样子，屏住气息好像不呼吸一般。走出来，下了一级台阶，面色便放松，怡然和乐。走完了台阶，快快地向前走几步，好像鸟儿舒展翅膀。回到自己的位置，又是恭敬而内心不安的样子。

執圭。鞠躬如也。如不勝。上如揖。下如授。勃如戰色。足蹜蹜如有循。享禮有容色。私覿愉愉如也。

原文

05

执圭，鞠躬如也，如不胜。上如揖，下如授，勃如战色，足蹜蹜如有循。享礼，有容色。私觌，愉愉如也。

注释

圭：一种玉器，上圆下方，古代为君臣所执，是一种礼器。**如不胜：**举时似乎不胜力气。**勃如战色：**庄严犹如作战。**足蹜蹜如有循：**脚步紧凑，如直线而行。蹜，音sù，小步行走。**享礼：**贡献礼物。**容色：**面色和气。**私觌：**私下见面。觌，音dí，相见。**愉愉：**轻松愉快。

译文

（孔子出使到他国，举行典礼，）拿着玉圭行聘问礼时，恭敬谨慎的样子，好像沉重得举不起那块玉圭似的。向上举圭时好像在作揖，向下放圭时好像在交给别人。面色庄重，战战兢兢。脚步也紧凑，好像沿着直线走过。献礼物的时候，满脸和气。私下里和外国君臣会见时，则显得轻松愉快。

君子不以紺緅飾。紅紫不以爲褻服。

當暑。袗絺綌。必表而出之。

緇衣。羔裘。素衣。麑裘。黄衣。狐裘。

褻裘長。短右袂。

原文

06

君子不以绀緅饰，红紫不以为亵服。当暑，袗絺绤，必表而出之。缁衣，羔裘；素衣，麑裘；黄衣，狐裘。亵裘长，短右袂。

译文

君子不用近乎黑中带红的天青色和青中透红的铁灰色作镶边，红色和紫色不用作平常居家的衣服。暑天，穿着粗的或细的葛布单衣，一定使它露在外面。黑色的衣配羊裘，白色的衣配麑裘，黄色的衣配狐裘。居家穿的皮袄要长些，但右边的袖子做得要短些。

注释

绀緅：绀，音gàn，深青中带红的颜色，相当于天青色。緅，音zōu，青多红少的颜色，相当于铁灰色。**亵服：**居家之服。**袗絺绤：**袗，音zhěn，作动词，穿着。絺，音chī，细葛布。绤，音xì，粗葛布。**表：**指穿在衫衣外面。**缁衣，羔裘：**穿黑色的衣服，要配羊裘。**素衣，麑裘：**穿白色的衣服，要配麑裘。麑，指小鹿，音ní。**黄衣，狐裘：**穿黄色的衣服，要穿狐裘。**亵裘长，短右袂：**居家之服要长些，但右袖则要短。袂，音mèi，袖子。

必有寢衣。長一身有半。狐貉之厚以居。

去喪。無所不佩。非帷裳。必殺之。

羔裘玄冠不以弔。吉月。必朝服而朝。

齊。必有明衣。布。

齊必變食。居必遷坐。

原文

必有寝衣，长一身有半。狐貉之厚以居。去丧，无所不佩。非帷裳，必杀之。羔裘玄冠不以吊。吉月，必朝服而朝。

07

齐，必有明衣，布。齐必变食，居必迁坐。

译文

睡觉一定有小被，长度是人身长的一倍半。用狐貉皮的厚毛做坐垫。

服丧期满了以后，才可以佩戴任何东西。除非上朝和祭祀时穿着（用整幅布做的）礼服，其他的都要剪裁并缝制。吊丧时不宜穿戴羊羔皮袍和黑色礼帽。农历每月初一，一定穿着上朝的礼服去朝贺。

斋戒沐浴的时候，一定要穿布做的浴衣。

斋戒的时候，一定改变平常的饮食，居住也一定要改换卧室。

注释

杀：截去。引申为剪裁，音shài。**吊**：吊唁。**帷裳**：上朝与祭祀所穿的礼服，其利用整幅布来做，像帷，并且不裁剪。**齐**：通『斋』。**明衣**：浴衣。因明洁其体而着，故名。**变食**：变化常食，指不饮酒不吃荤。**迁坐**：迁移地方，指不与妻妾同房。

食不厭精。膾不厭細。
食饐而餲。魚餒而肉敗。不食。色惡。不食。臭惡。
不食。失飪。不食。不時。不食。割不正。不食。不得
其醬。不食。
肉雖多。不使勝食氣。唯酒無量。不及亂。
沽酒市脯不食。不撤薑食。不多食。

原文

08

食不厌精，脍不厌细。

食饐而餲，鱼馁而肉败，不食。色恶，不食。臭恶，不食。失饪，不食。不时，不食。割不正，不食。不得其酱，不食。

肉虽多，不使胜食气。唯酒无量，不及乱。

沽酒市脯不食。不撤姜食，不多食。

译文

粮食不嫌舂得精，鱼和肉不嫌切得细。

粮食霉烂发臭，鱼和肉腐烂，都不吃。食物颜色难看，不吃。气味难闻，不吃。烹调不当，不吃。不到该当吃食时，不吃。切割方式不得当的食物，不吃。没有与食物相对应的酱醋调料，不吃。

席上肉虽多，但吃肉不超过主食。只有酒不限量，但不能喝至醉而神志昏乱的地步。

买来的酒和肉干不吃。每顿饭都需要有生姜，但不多吃。

注释

脍：指鱼肉之类的荤菜。**饐而餲**：饐，音yì；餲，音ài。都指饭食经久而腐臭。**鱼馁而肉败**：馁，音něi，指鱼腐烂。败，指肉腐烂。**色恶**：颜色不好。**臭恶**：气味不好。臭，同『嗅』。**失饪**：烹饪不当。**不时**：不合时令。**割不正**：宰割不当。**酱**：酱醋。指调味品。**食气**：主食。气，同『既』『饩』。**乱**：醉乱。**脯**：肉干

祭於公。不宿肉。祭肉不出三日。出三日。不食之矣。

食不語。寢不言。

雖疏食菜羹。瓜祭。必齊如也。

席不正。不坐。

原文

09 祭于公，不宿肉。祭肉不出三日。出三日，不食之矣。

10 食不语，寝不言。

11 虽疏食菜羹，瓜祭，必齐如也。

12 席不正，不坐。

注释

公：指国家大典。**不宿肉**：不把祭肉留至第二天。**寝**：睡觉。**瓜祭**：应作『必祭』。『瓜』为『必』之误。**席**：指桌具与坐具。

译文

参与国家祭祀典礼后，不把祭肉留到第二天。（实在吃不完，）祭肉留存也不得超过三天。若是存放超过三天，就不要吃了。

吃饭时不交谈，睡觉时不说话。

虽然是糙米饭和蔬菜汤，饭前也一定得先拜一拜，而且祭的时候一定恭恭敬敬，好像斋戒了的一样。

座席桌具摆得不端正，不坐。

鄉人飲酒。杖者出。斯出矣。

鄉人儺。朝服而立於阼階。

問人於他邦。再拜而送之。

康子饋藥。拜而受之。曰。丘未達。不敢嘗。

原文

13 乡人饮酒，杖者出，斯出矣。

14 乡人傩，朝服而立于阼阶。

15 问人于他邦，再拜而送之。

16 康子馈药，拜而受之，曰：『丘未达，不敢尝。』

注释

杖者：指老年人。**傩**：音nuó，傩戏，一种祭神活动。**阼阶**：东面的台阶，主人所立之地。阼，音zuò。**问**：问询。**拜**：拱手并弯腰，比作揖之礼更重。**康子**：季康子。**达**：了解。

译文

孔子同家乡人一块饮酒，散席时，要等老年人先走出去了，自己再走。

本乡人举行迎神驱鬼的仪式时，（平日不爱谈论鬼神的孔子，）也会穿着朝服站在东边的台阶上。

托人给在其他诸侯国的朋友问候（或送礼物时），便向受托者拜两次送行。

季康子给孔子送药，孔子拜而接受，但同时也说：『我对这药性不很了解，不敢尝试服用。』

厩焚。子退朝。曰。傷人乎。不問馬。君賜食。必正席先嘗之。君賜腥。必熟而薦之。君賜生。必畜之。侍食於君。君祭。先飯。

原文

17 厩焚。子退朝，曰：『伤人乎？』不问马。

18 君赐食，必正席先尝之。君赐腥，必熟而荐之。君赐生，必畜之。侍食于君，君祭，先饭。

注释

厩：马厩。**腥**：生肉。**荐**：供奉祖先。**畜**：饲养。**先饭**：先吃饭不吃菜。

译文

马棚失了火。孔子退朝回来立刻问：『伤到人了吗？』没问马怎么样了。

国君赐了熟食，孔子一定摆正座位先尝一尝。国君赐了生肉，一定煮熟了，先祭祀给祖先。国君赐了活物，一定会养起来。同国君一起吃饭，当国君举行饭前祭礼时，自己先吃饭(不吃菜)。

疾。君視之。東首。加朝服。拖紳。

君命召。不俟駕行矣。

入太廟。每事問。

原文

19 疾，君视之，东首，加朝服，拖绅。

20 君命召，不俟驾行矣。

21 入太庙，每事问。

译文

孔子病了，国君来探望，他便头朝东而卧，把上朝的礼服盖在身上，拖着朝服的大带子。

国君召见孔子，孔子不等车马驾好就先步行过去了。

孔子进入太庙中，每件事都问。

注释

疾：指孔子生病。**东首：**朝东迎接。此为迎接国君之礼。**加朝服，拖绅：**盖上朝服，拖扎腰带。都指抱病见国君，仍然不失为臣之礼。**召：**召唤。**不俟驾行：**不等备好马车。表示急切的心情。

朋友死。无所归。曰。於我殡。

朋友之馈。虽车马。非祭肉。不拜。

寝不尸。居不客。

原文

22 朋友死，无所归，曰：『于我殡。』

23 朋友之馈，虽车马，非祭肉，不拜。

24 寝不尸，居不客。

注释

归：收敛尸体。**殡**：料理安葬。**朋友之馈**句：此句意为只有祭品这类重礼，才值得予以重视。**寝不尸**：睡觉不像死尸一样僵躺。**居不客**：在家闲居不像接客那样庄严。客，又作『容』。

译文

朋友死了，没有人负责收殓，孔子便说：『丧葬由我来料理。』

朋友的赠品，即使是车和马这般名贵，只要不是君主赠予的祭肉，孔子在接受时，不行礼。

孔子睡觉不像死尸一样僵躺着，平日居家也不像接见客人或者自己做客一样严肃庄重。

見齊衰者。雖狎。必變。見冕者與瞽者。雖褻。必以貌。凶服者式之。式負版者。有盛饌。必變色而作。迅雷風烈必變。

原文

25 见齐衰者，虽狎，必变。见冕者与瞽者，虽亵，必以貌。凶服者式之。式负版者。有盛馔，必变色而作。迅雷风烈必变。

注释

虽狎，必变：虽然关系亲密，也要变色以表同情。**虽亵，必以貌：**虽然常见，也必示以礼敬。**凶服者式之：**在车中遇着穿丧服者，必俯身于车前横木，以表同情。式，同『轼』，作动词。**式负版者：**遇着背负国家图籍者，也必俯身于车前横木，以表敬重。**馔：**音zhuàn，饭食。

译文

孔子看见穿丧服的人，即使平常关系亲密，也一定会改变神色，（表示同情。）看见戴着礼帽和失明的人，即使常相见，也一定表现得很有礼貌。

在车中遇到穿丧服的人，便俯身于车前的横木上，（表示同情。）遇见背负着国家图籍的人，也同样俯身在车前的横木上，（表示敬意。）

一有丰富的菜肴，他一定改变神色，站立起来行个礼。

遇见疾雷、大风，他的表情也会变。

升車。必正立。執綏。車中。不內顧。不疾言。不親指。

色斯舉矣。翔而後集。曰。山梁雌雉。時哉時哉。子路共之。三嗅而作。

原文

26 升车，必正立，执绥。车中，不内顾，不疾言，不亲指。

27 色斯举矣，翔而后集。曰：『山梁雌雉，时哉时哉！』子路共之，三嗅而作。

注释

绥：上车用的带子。**亲指：**指指画画。**色斯举：**面色一变。**时哉：**识得其时啊。表明山鸡懂得趋利避害，君子亦当如此。**共：**有多解，此作『拱』，用手驱赶之意。**嗅：**有多解，此为感觉危险之气。

译文

孔子乘车时，一定站立端正，拉住扶手的带子登车。在车中，不向里面环顾，不快速说话，不用手指指画画。

（孔子在山谷中行走，看见几只野鸡。）孔子神色一动，野鸡便飞向天空，盘旋一阵，又停在一处。孔子说：『这些山梁上的雌野鸡，得其时呀！得其时呀！』子路向它们拱拱手，它们又振一振翅膀飞走了。

先進篇第十一

○

本篇也是大多记述孔子对自己学生的评价。

其中最突出的，还是孔子对颜回的欣赏赞美，以至于颜回早死，让孔子伤心得大哭："天丧予！天丧予！"但在处理颜回的丧事上，孔子则坚决不愿过分，反映了他一贯恪守礼制的态度。

另外，孔子对子路、闵子骞、子张、子夏、曾参等的性格也作了评价。其中对子路的评价最直接，认为子路最终会不得好死，原因是他的性格过于刚直、好勇尚武。后来子路果然死于卫国内乱，被砍为肉泥。这说明孔子对自己的学生是十分了解的。

本篇中的第二十五段，记载了孔子与其弟子们的一次郊游，人物形象生动，堪称是一篇精彩的游记。在这次郊游中，孔子要弟子们"各言其志"，各位弟子畅谈了自己的志向，而孔子最后亦道明自己的志向，就是与曾点（曾参的父亲）差不多，希望过上一种优哉游哉的田园生活。这反映了孔子另一面的形象，历来为人玩味。因为孔子一直以积极入世的面貌呈人，他的这种心境，或许是久遭挫折磨难后的表现。

子曰。先進於禮樂。野人也。後進於禮樂。君子也。如用之。則吾從先進。

子曰。從我於陳。蔡者。皆不及門也。

原文

01 子曰：『先进于礼乐，野人也；后进于礼乐，君子也。如用之，则吾从先进。』

02 子曰：『从我于陈、蔡者，皆不及门也。』

注释

先进：先学，意为未得官位而先学礼乐。与下文『后学』相对。**野人：**乡野之人，指未得爵位的平民。**君子：**此指有爵位的士大夫。**陈、蔡：**两个小国，为楚、吴两个大国所争，孔子曾困于该地，后为楚国所救。**及门：**在门下，意为跟随。

译文

孔子说：『先学习礼乐而后做官的，是未曾有过爵禄的平民；先做了官而后学习礼乐的，是卿大夫的子弟。如果让我选用人才，我主张选用先学习礼乐的人。』

孔子说：『跟着我在陈国、蔡国之间忍饥挨饿的弟子们，如今都不在我这里了。』

德行。顏淵。閔子騫。冉伯牛。仲弓。言語。宰我。

子貢。政事。冉有。季路。文學。子游。子夏。

子曰。回也。非助我者也。於吾言無所不說。

原文

03 德行：颜渊、闵子骞、冉伯牛、仲弓。言语：宰我、子贡。政事：冉有、季路。文学：子游、子夏。

04 子曰：『回也，非助我者也，于吾言无所不说。』

注释

此段是孔子对其十位弟子各自所长的评论。此十人，史称『孔门十哲』。

非助：并非仅仅是帮助。

译文

（孔子的学生各有所长。）德行好的有：颜渊、闵子骞、冉伯牛、仲弓。擅长言论的有：宰我、子贡。能办理政事的有：冉有、季路。熟悉古代文献的有：子游、子夏。

孔子说：『颜回并非仅仅是对我有所助益的人，他对我的话都乐于接受。』

子曰。孝哉閔子騫。人不間於其父母昆弟之言。

南容三復白圭。孔子以其兄之子妻之。

季康子問。弟子孰為好學。孔子對曰。有

顏回者好學。不幸短命死矣。今也則亡。

原文

05 子曰：『孝哉闵子骞！人不间于其父母昆弟之言。』

06 南容三复白圭，孔子以其兄之子妻之。

07 季康子问：『弟子孰为好学？』孔子对曰：『有颜回者好学，不幸短命死矣。今也则亡。』

译文

孔子说：『闵子骞真是孝顺呀！别人对于他父母兄弟称赞他的话没有异议。』

南容把『白圭之玷，尚可磨也；斯言之玷，不可为也』几句诗读了又读，（用于告诫自己，说话一定要谨慎）孔子便把自己的侄女嫁给了他。

季康子问：『你学生中谁比较好学呢？』孔子答道：『有一个叫颜回的学生很好学，不幸短命早逝，现在就再没有这样的人了。』

注释

间：原义为间离，此处引申为异议。**昆弟**：兄弟。**三复白圭**：反复研读白圭上的诗句。三复，概数，多数的意思。白圭，一种白色的玉器，此指『白圭之玷……』一诗，见《诗经·大雅》。**妻**：音qì，以女嫁人。**今也则亡**：指颜回之后已无好学之人。

顔淵死。顔路請子之車以爲之椁。子曰。才不才。亦各言其子也。鯉也死。有棺而無椁。吾不徒行以爲之椁。以吾從大夫之後。不可徒行也。

原文

08 颜渊死，颜路请子之车以为之椁。子曰：『才不才，亦各言其子也。鲤也死，有棺而无椁。吾不徒行以为之椁。以吾从大夫之后，不可徒行也。』

注释

颜路：颜渊的父亲。**椁**：内棺外椁之椁。音guǒ。**鲤**：字伯鱼，孔子的儿子。

译文

颜渊去世了，他的父亲颜路请求孔子卖掉车子来为颜渊做个外椁。孔子说：『不管有没有才能，但总是自己的儿子。我的儿子鲤死了，也只有内棺，没有外椁。我不能（卖掉车子）步行来替他买椁。因为我也曾做过大夫，（按礼制）是不可以徒步出行的。』

顏淵死。子曰。噫。天喪予。天喪予。

顏淵死。子哭之慟。從者曰。子慟矣。曰。有慟乎。

非夫人之為慟而誰為。

原文

09 颜渊死，子曰：『噫！天丧予！天丧予！』

10 颜渊死，子哭之恸。从者曰：『子恸矣！』曰：『有恸乎？非夫人之为恸而谁为？』

注释

天丧予：上天要害死我。表明孔子极度悲痛的心情。**恸：**悲痛过度。**非夫人之为恸而谁为：**此为倒装句式，直解为『非为夫人恸而为谁』，意思是『不为这样的人哀恸，那为谁呢？』

译文

颜渊去世了，孔子道：『唉！上天要我的命呀！上天要我的命呀！』

颜渊去世了，孔子哭得很伤心。跟随孔子的人说：『您太伤心了！』孔子说：『我悲痛太过了吗？我不为这样的人悲痛，还为什么样的人悲痛呢？』

顏淵死。門人欲厚葬之。子曰不可。
門人厚葬之。子曰回也視予猶父也。予不得
視猶子也。非我也。夫二三子也。

原文

11 颜渊死，门人欲厚葬之。子曰：『不可。』门人厚葬之。子曰：『回也视予犹父也，予不得视犹子也。非我也，夫二三子也。』

注释

门人：指孔子的学生，颜渊的同学。

译文

颜渊去世了，孔子的学生们想要厚葬颜渊。孔子说：『不可以。』学生们仍然厚葬了他。孔子说：『颜回把我当父亲一样看待，我却不能够像对待儿子一般对待他。这不是我的主意呀，是那些学生要这样办啊。』

季路問事鬼神。子曰。未能事人。焉能事鬼。曰。敢問死。曰。未知生。焉知死。

閔子侍側。誾誾如也。子路。行行如也。冉有子貢。侃侃如也。子樂。曰。若由也。不得其死然。

原文

12 季路问事鬼神。子曰：『未能事人，焉能事鬼？』曰：『敢问死。』曰：『未知生，焉知死？』

13 闵子侍侧，訚訚如也；子路，行行如也；冉有、子贡，侃侃如也。子乐。曰：『若由也，不得其死然。』

注释

未能事人，焉能事鬼：连人都侍候不好，如何能侍候鬼神。这表明孔子重人而不重鬼。**未知生，焉知死：**不懂生的道理，如何知道死的事。表明孔子重视现实人生。**訚訚：**正直恭敬，音yín。**行行：**刚强勇毅，音hàng。**不得其死然：**得不到善终。

译文

子路问服侍鬼神的方法。孔子说：『活人还未能服侍，怎么能去服侍鬼神呢？』

子路又说：『我大胆地请问死是怎么回事。』孔子说：『生的道理还没有弄明白，怎么能够懂得死？』

闵子骞侍立在孔子身旁，恭敬而正直的样子；子路则是副很刚强勇猛的样子；冉有、子贡是温和而快乐的样子。孔子高兴起来了。但又说：『像仲由这样，怕是不得善终啊。』

魯人為長府。閔子騫曰。仍舊貫。如之何。何必改作。子曰。夫人不言。言必有中。子曰。由之瑟。奚為於丘之門。門人不敬子路。子曰。由也升堂矣。未入於室也。

原文

14 鲁人为长府。闵子骞曰：『仍旧贯，如之何？何必改作？』子曰：『夫人不言，言必有中。』

15 子曰：『由之瑟，奚为于丘之门？』门人不敬子路。子曰：『由也升堂矣，未入于室也。』

注释

鲁人： 指鲁国的执政大夫。**长府：** 库名，用于藏财货，音cháng fǔ。**瑟：** 此处作动词，意为弹瑟。**升堂：** 意为学问已有长进。**入于室：** 意为学问深入奥妙。

译文

鲁国的执政大臣要翻修长府。闵子骞说：『照着老样子不好吗？为什么一定要翻修呢？』孔子道：『这个人平日不大开口，一开口一定中肯。』

孔子说：『仲由弹瑟，为什么在我这里来弹呢？』因此孔子的其他学生们瞧不起子路。于是孔子又说：『仲由嘛，水平已经很不错了，只是还未得精髓罢了。』

子貢問。師與商也孰賢。子曰。師也過。商也不及。曰。然則師愈與。子曰。過猶不及。

原文

16 子贡问：『师与商也孰贤？』子曰：『师也过，商也不及。』曰：『然则师愈与？』子曰：『过犹不及。』

注释

师也过，商也不及： 颛孙师（即子张）有些过了，卜商（子夏）有些不够。

愈： 强些。**过犹不及：** 过分与不及同样不好。

译文

子贡问孔子：『颛孙师（子张）和卜商（子夏）两个人，谁更贤良呢？』孔子说：『颛孙师做事有些过了；卜商做法有些保守。』子贡道：『那么，颛孙师强一些吗？』孔子道：『过分和不足同样不好。』

季氏富於周公。而求也為之聚斂而附益之。

子曰。非吾徒也。小子鳴鼓而攻之。可也。

柴也愚。參也魯。師也辟。由也喭。

原文

17 季氏富于周公，而求也为之聚敛而附益之。子曰：『非吾徒也。小子鸣鼓而攻之，可也。』

18 柴也愚，参也鲁，师也辟，由也喭。

注释

聚敛而附益之：聚敛财货使之更富。**柴：**高柴，字子羔，孔子的学生。**参：**曾参，孔子的学生，音shēn。**鲁：**迟钝。**辟：**偏激，音pì。**喭：**音yàn，粗俗、鲁莽。

译文

季氏比周公还有钱，可是冉求仍为他聚敛财富，使其更富。孔子生气地说：『冉求不是我的弟子，你们大家可以大张旗鼓地去攻击他。』

高柴愚笨，曾参迟钝，颛孙师偏激，仲由鲁莽。

子曰。回也其庶乎。屢空。賜不受命。而貨殖焉。億則屢中。

子張問善人之道。子曰。不踐跡。亦不入於室。

子曰。論篤是與。君子者乎。色莊者乎。

原文

19 子曰：『回也其庶乎，屡空。赐不受命，而货殖焉，亿则屡中。』

20 子张问善人之道。子曰：『不践迹，亦不入于室。』

21 子曰：『论笃是与，君子者乎？色庄者乎？』

注释

庶：庶几，差不多的意思。**空**：意为贫穷。**不受命**：意为不守本分。**货殖**：囤积财货。**亿则屡中**：意为屡猜屡中。亿，同『忆』。猜度。**善人**：此指本质美好但尚未学习圣人之道者。**践迹**：意为践行圣人之道。**不入于室**：意为不学不能自入于圣门。**论笃是与**：『与论笃』的倒装，意为推许言论笃实。论，推许。**色庄**：此指佯装神情庄严。

译文

孔子说：『颜回在学问和道德方面造诣很可以了，但常常陷于贫困。端木赐不安本分，去囤积和投机，猜测行情往往很准。』

子张问成为善人的途径。孔子道：『善人不踩着圣人的脚印走，学问道德就难以有所领悟。』

孔子说：『言论笃实的人固然值得赞许，但这种人是真正的君子呢？还是仅仅从外表上看起来庄重而已呢？』

子路問。聞斯行諸。子曰。有父兄在。如之何其聞斯行之。冉有問。聞斯行諸。子曰。聞斯行之。公西華曰。由也問聞斯行諸。子曰。有父兄在。求也問聞斯行諸。子曰。聞斯行之。赤也惑。敢問。子曰。求也退。故進之。由也兼人。故退之。

原文

22

子路问：『闻斯行诸？』子曰：『有父兄在，如之何其闻斯行之？』冉有问：『闻斯行诸？』子曰：『闻斯行之。』公西华曰：『由也问闻斯行诸，子曰「有父兄在」；求也问闻斯行诸，子曰「闻斯行之」。赤也惑，敢问。』子曰：『求也退，故进之；由也兼人，故退之。』

注释

闻斯行诸：听到就开始实行。**求也退，故进之：**冉求性格柔弱退缩，所以鼓励进取。**由也兼人，故退之：**子路性格勇为，所以要压压。

译文

子路问：『听到就开始实行吗？』孔子道：『父亲兄长都在，怎么能听到就行动呢？』冉有也问：『听到就马上行动起来吗？』孔子道：『一听到就行动吧。』公西华说：『仲由问听到就行动起来吗？您说「有父亲兄长都在（不能这样做）」，冉求问听到就行动起来吗？您说「听到就行动起来吧」。我有些糊涂，斗胆来问问。』孔子道：『冉求平日做事退缩，所以我给他壮胆；仲由好勇胜人，所以我要压压他。』

子畏於匡。顏淵後。子曰。吾以女為死矣。曰。子在。回何敢死。

原文

23 子畏于匡，颜渊后。子曰：『吾以女为死矣。』曰：『子在，回何敢死？』

注释

子畏于匡：孔子被囚于匡。**后：**作动词，意为落单于后。

译文

孔子在匡地被囚禁后，颜渊最后才来。孔子说：『我以为你已经死了。』颜渊说：『您老人家还活着，我怎么敢先死呢？』

季子然問。仲由。冉求可謂大臣與。子曰。吾以子為異之問。曾由與求之問。所謂大臣者。以道事君。不可則止。今由與求也。可謂具臣矣。曰。然則從之者與。子曰。弒父與君。亦不從也。

原文

24

季子然问：『仲由、冉求可谓大臣与？』子曰：『吾以子为异之问，曾由与求之问。所谓大臣者，以道事君，不可则止。今由与求也，可谓具臣矣。』曰：『然则从之者与？』子曰：『弑父与君，亦不从也。』

注释

季子然：人名，应为季氏家族子弟。**为异：**以为别的人。**曾：**乃是、却是。**具臣：**充数于臣子之列。意为尚不能算是『大臣』。**从：**顺从。

译文

季子然问：『仲由和冉求是否称得上是大臣呢？』孔子说：『我以为你要问别的事，竟是问仲由和冉求呀。我们所说的大臣，应该是用最合于仁义的方式来对待君主，如果不是这样的话，宁肯辞职不干。如今由和求这两个人，仅可说是具有相当才能的臣属罢了。』季子然又问：『那么，他们会一切顺从上司吗？』孔子道：『杀父亲、杀君主的事情，他们也不会顺从的。』

子路使子羔為費宰。子曰。賊夫人之子。

子路曰。有民人焉。有社稷焉。何必讀書。然後為學。

子曰。是故惡夫佞者。

原文

25

子路使子羔为费宰。子曰：『贼夫人之子。』

子路曰：『有民人焉，有社稷焉，何必读书，然后为学？』

子曰：『是故恶夫佞者。』

注释

费：音bì。**贼夫人之子**：害他人的儿子。贼，残害。**恶**：音wù。**佞者**：此指强词夺理之人。佞，音nìng。

译文

子路叫子羔去做费地的长官。孔子说：『这是误人子弟的做法！』

子路反驳说：『那地方有老百姓，有土地和五谷，何必定要读书，才算学习呢？』

孔子道：『所以我讨厌强词夺理的人。』

子路。曾皙。冉有。公西華侍坐。

子曰。以吾一日長乎爾。毋吾以也。居則曰。不吾知也。如或知爾。則何以哉。

子路率爾而對曰。千乘之國。攝乎大國之間。加之以師旅。因之以饑饉。由也為之。比及三年。可使有勇。且知方也。

夫子哂之。

原文

26

子路、曾皙、冉有、公西华侍坐。

子曰：『以吾一日长乎尔，毋吾以也。居则曰：「不吾知也！」如或知尔，则何以哉？』

子路率尔而对曰：『千乘之国，摄乎大国之间，加之以师旅，因之以饥馑；由也为之，比及三年，可使有勇，且知方也。』

夫子哂之。

注释

曾皙：曾子之父，名点，也是孔子的学生。**居**：意为日常闲居。**比**：读去声，意为等到。**哂**：音shěn，微笑。

译文

子路、曾皙、冉有、公西华四个人陪同孔子坐着。

孔子说：『因为我比你们年纪都大，（老了）没有人用我了。你们平日说：「没有人了解我呀！」假若有人了解你们，那你们打算怎么做呢？』

子路不加思索地答道：『一个拥有千辆兵车的国家，局促地处于几个大国之间，外面有军队侵犯它，国内又遭到饥荒。如果我去治理，等三年光景，就可以使那里人人有勇气，个个懂道义。』

孔子听后微微一笑。

求。爾何如。

對曰。方六七十。如五六十。求也為之。比及三年。可

使足民。如其禮樂。以俟君子。

赤。爾何如。

對曰。非曰能之。願學焉。宗廟之事。如會同。端

章甫。願為小相焉。

原文

『求！尔何如？』

对曰：『方六七十，如五六十，求也为之，比及三年，可使足民。如其礼乐，以俟君子。』

『赤！尔何如？』

对曰：『非曰能之，愿学焉。宗庙之事，如会同，端章甫，愿为小相焉。』

注释

方六七十：纵横六七十里。**如**：或者。

端章甫：端，古代的礼服。章甫，古代的礼帽。**小相**：此指赞礼的小官。

译文

孔子又问：『冉求！你怎么办？』答道：『国土纵横六七十里或者五六十里的小国家，如果我去治理它，等三年光景，就可以使人民富足。至于修明礼乐，那只有等待贤人君子了。』

孔子又问：『公西赤！你怎么办？』答道：『我不敢说能做到什么，只是愿意学习做这些：宗庙祭祀的工作或者同诸侯会盟，我愿意穿着礼服，戴着礼帽，做一个小司仪者。』

點爾何如。
鼓瑟希。鏗爾。舍瑟而作。對曰。異乎三子者
之撰。子曰。何傷乎。亦各言其志也。
曰。莫春者。春服既成。冠者五六人。童子六七人。
浴乎沂。風乎舞雩。咏而歸。
夫子喟然歎曰。吾與點也。

原文

『点！尔何如？』

鼓瑟希，铿尔，舍瑟而作，对曰：『异乎三子者之撰。』

子曰：『何伤乎？亦各言其志也。』

曰：『莫春者，春服既成，冠者五六人，童子六七人，浴乎沂，风乎舞雩，咏而归。』

夫子喟然叹曰：『吾与点也！』

注释

莫：同『暮』。**沂**：水名。**舞雩**：台名。雩，音yú。**吾与点也**：我赞同曾点的主张。

译文

孔子又问：『曾点！你怎么办？』

曾点弹瑟正近尾声，铿的一声把瑟放下，站了起来答道：『我的志向和他们三位所讲的不同。』孔子道：『那有什么关系呢？也不过是各人谈谈自己的志向啊！』

曾点便说：『暮春三月的时候，春天衣服都穿定了，我与五六位成年人，还有六七个儿童一起，在沂水旁边洗洗澡，在舞雩台上吹吹风，一路唱歌，一路走回来。』孔子长叹一声道：『我与曾点的想法一样呀！』

三子者出。曾皙後。曾皙曰。夫三子者之言何如。子曰。亦各言其志也已矣。曰。夫子何哂由也。曰。為國以禮。其言不讓。是故哂之。

原文

三子者出，曾皙后。曾皙曰：『夫三子者之言何如？』

子曰：『亦各言其志也已矣。』

曰：『夫子何哂由也？』

曰：『为国以礼，其言不让，是故哂之。』

译文

子路、冉有、公西华三人都出去了，曾皙最后走。曾皙问道：『他们三位同学的话怎样？』孔子道：『也不过各人说说自己的志向罢了。』

曾皙又道：『您为什么对仲由微笑呢？』

孔子说：『治理国家应该讲求礼让，可他的话却一点也不谦虚，所以笑笑他。』

唯求則非邦也與。安見方六七十如五六十。而非邦也者。唯赤則非邦也與。宗廟會同。非諸侯而何。赤也為之小。孰能為之大。

原文

『唯求则非邦也与？』『安见方六七十如五六十，而非邦也者？』『唯赤则非邦也与？』

『宗庙会同，非诸侯而何？赤也为之小，孰能为之大？』

译文

曾皙又问：『难道冉求所讲的就不是国家之事吗？』孔子说：『怎样见得方圆六七十里或者五六十里的地方就算不上一个国家呢？』

曾皙再问：『难道公西赤所讲的不是国家之事吗？』孔子说：『有宗庙祭祀，有诸侯会盟，不是国家之事是什么？公西赤谦虚地说只做一个小司仪者，那又有谁来做大司仪者呢？』

顏淵篇第十二

本篇很全面地记载了孔子对仁、礼、知、信、忠等道德概念的看法，有不少是后来儒家所依据的经典之说。

其中关于“仁”，孔子在好多地方谈过，但在本篇中，他针对樊迟问仁，直接回答说是“爱人”。虽然简约，但道出了“仁”最本质的意义。因为“仁”就是一种爱心，先从爱自己的父母、兄弟开始（即孝悌），然后推及其他人身上（即“泛爱众”）。至于如何爱法，当然有具体内容，但核心要义是“爱人”。

同时，孔子也谈到了“仁”和“礼”这两个重要概念的关系，那是从颜渊问仁导出来的。孔子回答说：“克己复礼为仁。一日克己复礼，天下归仁焉。”大意是：只要人们能够克制自己的贪欲，恢复传统礼制，那么天下就达到“仁”的境界了。

为什么“复礼”就会“归仁”？在孔子看来，周代确定的“礼”，代表了一种规范秩序，它本来就是“仁”的外在体现，所以如能诚心践行“礼”，也就自然达到了“仁”的境界。所以孔子在《述而》篇中就说：“仁远乎？我欲仁，斯仁至矣。”意思是“仁”并不远，就在日常生活中，只要我真心按“礼”去做了，也就实现了。由此，在本篇中，孔子重申了这个思想，即“为仁由己”。

“仁”与“礼”是孔子思想中最重要的两个道德范畴，在哲学上分析，可以阐发出很多道理来。但孔子本身是从日常生活出发，认为它们实际是一体的：内有“仁心”就懂得“礼仪”；真心按“礼仪”去做，就是“仁心”的表现。所以没有必要作繁琐的论证。

本篇中有一则齐景公向孔子请教为政之道的故事，也很值得琢磨。孔子的回答很简单，即“君君、臣臣、父父、子子”，就是说君主要像君主，臣下要像臣下，父亲要像父亲，儿子要像儿子，各安其位，各守其道。后世有人批评孔子，认为他是在宣扬一种等级观念。其实如果置身于孔子当时的社会环境，就会理解孔子为什么那样说。因为春秋时期，等级秩序败坏，导致天下大乱。一个稳定的社会，是要有上下秩序的，就是在今天，也是如此。不过，我们可以改成“上上、下下、父父、子子”之类。

顏淵問仁。子曰。克己復禮為仁。一日克己復禮。天下歸仁焉。為仁由己。而由人乎哉。顏淵曰。請問其目。子曰。非禮勿視。非禮勿聽。非禮勿言。非禮勿動。顏淵曰。回雖不敏。請事斯語矣。

原文

01

颜渊问仁。子曰：『克己复礼为仁。一日克己复礼，天下归仁焉。为仁由己，而由人乎哉？』颜渊曰：『请问其目。』子曰：『非礼勿视，非礼勿听，非礼勿言，非礼勿动。』颜渊曰：『回虽不敏，请事斯语矣。』

注释

克己复礼：克制自己多余的欲望，使言行举止回复到礼制上。**为仁由己：**实行仁德在于自己。为，读去声。**目：**纲目。**事：**读去声，意为实践。

译文

颜渊问什么是仁。孔子道：『克制自己，使言语行动都合于礼制，就是仁。一旦这样做到了，天下的人都会随之归于仁德。实践仁德，全凭自己，难道是靠别人吗？』

颜渊说：『请问行动的纲领。』孔子道：『不合礼的事不看，不合礼的话不听，不合礼的话不说，不合礼的事不做。』

颜渊道：『我虽然迟钝，但我会照着这些话去做。』

仲弓問仁。子曰。出門如見大賓。使民如承大祭。己所不欲。勿施於人。在邦無怨。在家無怨。仲弓曰。雍雖不敏。請事斯語矣。

原文

02 仲弓问仁。子曰：『出门如见大宾，使民如承大祭。己所不欲，勿施于人。在邦无怨，在家无怨。』仲弓曰：『雍虽不敏，请事斯语矣。』

注释

大宾：贵宾。**己所不欲，勿施于人：**自己不想做的，不要施加在别人身上。

译文

仲弓问什么是仁。孔子道：『每次出门做事都好像去接待贵宾，每次役使百姓都好像去承担大祀典。自己不喜欢的事物，就不要强加给别人。在工作岗位上没有怨恨，赋闲在家也没有怨恨。』仲弓道：『我虽然迟钝，也要实行您这话。』

司馬牛問仁。子曰。仁者。其言也訒。曰。其言也訒。斯謂之仁已乎。子曰。為之難。言之得無訒乎。

原文

03

司马牛问仁。子曰：『仁者，其言也讱。』曰：『其言也讱，斯谓之仁已乎？』子曰：『为之难，言之得无讱乎？』

注释

司马牛： 孔子的学生，名犁，有说是向魋之弟。**讱：** 同『忍』，意为难，音rèn。

译文

司马牛问什么是仁。孔子说：『仁人说话时总会很谨慎。』司马牛说：『言语谨慎，这就可以称作仁了吗？』孔子说：『践行仁德是很难的，所以说话更要谨慎，不是吗？』

司馬牛問君子。子曰。君子不憂不懼。

曰。不憂不懼。斯謂之君子已乎。

子曰。内省不疚。夫何憂何懼。

原文

04 司马牛问君子。子曰：『君子不忧不惧。』

曰：『不忧不惧，斯谓之君子已乎？』

子曰：『内省不疚，夫何忧何惧？』

注释

不忧不惧：不忧虑不害怕。向魋作乱，司马牛害怕，故与孔子有此段问答。

译文

司马牛问君子之道。孔子道：『君子不忧愁、不恐惧。』

司马牛道：『不忧愁、不恐惧，这样就可以叫作君子了吗？』

孔子道：『自己问心无愧，那有什么可以忧愁和恐惧的呢？』

司馬牛憂曰。人皆有兄弟。我獨亡。子夏曰。商聞之矣。死生有命。富貴在天。君子敬而無失。與人恭而有禮。四海之內皆兄弟也。君子何患乎無兄弟也。

原文

05

司马牛忧曰：『人皆有兄弟，我独亡。』子夏曰：『商闻之矣：死生有命，富贵在天。君子敬而无失，与人恭而有礼。四海之内皆兄弟也，君子何患乎无兄弟也？』

注释

亡：失去。

译文

司马牛忧愁地说：『别人都有好兄弟，唯独我没有。』子夏道：『我听说过：死生听之命运，富贵由天安排。君子做事严肃认真而不出差错，对人恭敬而有礼貌。天下之大到处都是好兄弟，君子又何必担心没有好兄弟呢？』

子張問明。子曰。浸潤之譖。膚受之愬。不行焉。可謂明也已矣。浸潤之譖。膚受之愬。不行焉。可謂遠也已矣。

原文

06 子张问明。子曰：『浸润之谮，肤受之愬，不行焉，可谓明也已矣。浸润之谮，肤受之愬，不行焉，可谓远也已矣。』

注释

明：明智。**谮：**谗言，音zèn。**愬：**音sù，同『诉』，意为诬告。**不行：**不能行得通。

译文

子张问怎样才算明智。孔子说：『像水润物一样逐渐传播的谗言，切肤之痛的诽谤，在你这里都行不通，就可以称得上明智了。暗中传播的谗言，切肤之痛的诽谤，在你这里都行不通，就可以说是有远见了。』

子貢問政。子曰。足食。足兵。民信之矣。

子貢曰。必不得已而去。於斯三者何先。曰。去兵。

子貢曰。必不得已而去。於斯二者何先。曰。去食。

自古皆有死。民無信不立。

原文

07

子贡问政。子曰：『足食，足兵，民信之矣。』

子贡曰：『必不得已而去，于斯三者何先？』曰：『去兵。』

子贡曰：『必不得已而去，于斯二者何先？』曰：『去食。自古皆有死，民无信不立。』

注释

民无信不立：百姓无诚信和信任，无法立于世。

译文

子贡问怎样治理政事。孔子说：『粮食充足，军备充足，百姓对国家就有信心了。』子贡说：『如果迫于不得已，在粮食、军备和人民的信任三者之中去掉一项，先去掉哪一项？』孔子道：『去掉军备。』子贡说：『如果迫于不得已，在粮食和人民的信任两者之中一定要去掉一项的话，去掉哪一项？』孔子道：『去掉粮食。自古以来谁都免不了死亡，如果没有民众的信任，那么国家就站立不住了。』

棘子成曰。君子質而已矣。何以文為。子貢曰。惜乎。夫子之說君子也。駟不及舌。文猶質也。質猶文也。虎豹之鞟猶犬羊之鞟。

原文

08

棘子成曰：『君子质而已矣，何以文为？』子贡曰：『惜乎，夫子之说君子也！驷不及舌。文犹质也，质犹文也。虎豹之鞟犹犬羊之鞟。』

注释

棘子成：卫国的大夫。**驷不及舌：**一言既出，驷马难追。**鞟：**音kuò，去毛的兽皮。

译文

棘子成说：『君子只要有好的本质便够了，要那些外在的文饰干什么？』子贡说：『可惜呀！夫子您这样谈论君子，一言既出，驷马难追。文采如同本质，本质也如同文采，两者是同等重要的。假若拔去虎豹和犬羊两类兽皮上有文采的毛，那这两类皮革还有区别吗？』

哀公問於有若曰。年饑用不足。如之何。

有若對曰。盍徹乎。

曰。二。吾猶不足。如之何其徹也。

對曰。百姓足。君孰與不足。百姓不足。君孰與足。

原文

09 哀公问于有若曰：『年饥，用不足，如之何？』

有若对曰：『盍彻乎？』

曰：『二，吾犹不足，如之何其彻也？』

对曰：『百姓足，君孰与不足？百姓不足，君孰与足？』

注释

彻：周代制度，指十分抽一的税率。

盍彻乎：盍，何不，音hé。彻，西周时流行于诸侯国的一种田税制度。

译文

鲁哀公问有若说：『年成不好，国家储备不够，应该怎么办？』有若答道：『为什么不实行十分抽一的税率呢？』哀公道：『十分抽二，尚且不够，怎么能十分抽一呢？』有若答道：『如果百姓的用度够，国君怎么会不够？如果百姓的用度不够，国君用度又怎么会够？』

子張問崇德辨惑。子曰。主忠信。徙義。崇德也。愛之欲其生。惡之欲其死。既欲其生。又欲其死。是惑也。誠不以富。亦祇以異。

原文

10 子张问崇德辨惑。子曰：『主忠信，徙义，崇德也。爱之欲其生，恶之欲其死。既欲其生，又欲其死，是惑也。「诚不以富，亦只以异。」』

注释

辨惑：辨别迷惑。**诚不以富，亦只以异：**是《诗经·小雅·我行其野》中的诗句，疑为衍文。

译文

子张请教如何提高品德修养和辨别迷惑。孔子说：『以忠信为主，唯道义是从，这就可以提高品德修养。人们喜欢一个人，希望他长寿；厌恶一个人，就希望他早死。如果既希望他长寿，又希望他早死，便是爱恶不分，也就是迷惑了。《诗经》里有句「诚信不靠财富，否则只会使人感到奇怪。」』

齊景公問政於孔子。孔子對曰。君君。臣臣。父父。子子。公曰。善哉。信如君不君。臣不臣。父不父。子不子。雖有粟。吾得而食諸。

原文

11 齐景公问政于孔子。孔子对曰：『君君，臣臣，父父，子子。』公曰：『善哉！信如君不君，臣不臣，父不父，子不子，虽有粟，吾得而食诸？』

注释

君君，臣臣，父父，子子：国君像国君，臣子像臣子，父亲像父亲，儿子像儿子。意为按礼制而有秩序，这是孔子竭力提倡的纲常伦理。

译文

齐景公向孔子请教政治。孔子答道：『君要像个君，臣要像个臣，父亲要像父亲，儿子要像儿子。』景公道：『对呀！若是君不像君，臣不像臣，父不像父，子不像子，即使粮食很多，我能吃得着吗？』

子曰。片言可以折獄者。其由也與。

子路無宿諾。

子曰。聽訟。吾猶人也。必也使無訟乎。

原文

12 子曰：『片言可以折狱者，其由也与？』

子路无宿诺。

13 子曰：『听讼，吾犹人也。必也使无讼乎。』

注释

折狱：判断案件。**宿诺：**拖延诺言。

听讼：审理案件。

译文

孔子说：『根据单方面的供词就可判决案件的，大概只有仲由吧！』子路没有说话不算数的时候。

孔子说：『审理诉讼案件，我跟别人差不多，没有什么高明之处。我更看重的是有没有让诉讼事件根本不发生的方法。』

子張問政。子曰。居之無倦。行之以忠。

子曰。博學於文。約之以禮。亦可以弗畔矣夫。

子曰。君子成人之美。不成人之惡。小人反是。

原文

14 子张问政。子曰：『居之无倦，行之以忠。』

15 子曰：『博学于文，约之以礼，亦可以弗畔矣夫！』

16 子曰：『君子成人之美，不成人之恶。小人反是。』

注释

居：在位。『子曰：「博学于文，约之以礼，亦可以弗畔矣夫」』一段为衍文，已见本书『雍也』篇。**君子成人之美，不成人之恶**：君子成全别人的好事，不促使别人做坏事。

译文

子张请教政治。孔子说：『居于官位不疲倦懈怠，执行政令要忠实。』

孔子说：『君子广泛地学习文化典籍，并用礼仪来约束自己，也就可以不至于离经叛道了。』

孔子说：『君子成全别人的好事，不促成别人的坏事。小人恰恰相反。』

季康子問政於孔子。孔子對曰。政者。正也。子帥以正。孰敢不正。

季康子患盜。問於孔子。孔子對曰。苟子之不欲。雖賞之不竊。

原文

17 季康子问政于孔子。孔子对曰：『政者，正也。子帅以正，孰敢不正？』

18 季康子患盗，问于孔子。孔子对曰：『苟子之不欲，虽赏之不窃。』

注释

正：一指自我端正，二指教正别人。

苟：如果。**欲**：意为贪求过多的财物。

译文

季康子向孔子请教政治。孔子答道：『政字的意思就是端正。您自己带头做到端正，谁还敢不端正呢？』

季康子苦于盗贼太多，向孔子求教。孔子答道：『如果您不贪求太多的财货，即使奖励偷抢，他们也不会干。』

季康子問政於孔子曰。如殺無道。以就有道。何如。孔子對曰。子為政。焉用殺。子欲善而民善矣。君子之德風。小人之德草。草上之風必偃。

原文

19 季康子问政于孔子曰：『如杀无道，以就有道，何如？』孔子对曰：『子为政，焉用杀？子欲善而民善矣。君子之德风，小人之德草。草上之风，必偃。』

注释

无道：指没有道德之人。**君子之德风，小人之德草：**官长的作风如风，百姓的作风如草。此处的君子指有职有位者，小人指平民百姓。**偃：**倒。

译文

季康子向孔子请教政治，说道：『如果杀掉坏人，以此来亲近好人，怎么样？』孔子答道：『您治理政治，为什么要杀戮？您想把国家搞好，百姓就会好起来。官长的作风好比风，百姓的作风好比草。风向哪边吹，草就向哪边倒。』

子張問。士何如斯可謂之達矣。子曰。何哉爾
所謂達者。子張對曰。在邦必聞。在家必聞。
子曰。是聞也。非達也。夫達也者。質直而好
義。察言而觀色。慮以下人。在邦必達。在家必
達。夫聞也者。色取仁而行違。居之不疑。在邦
必聞。在家必聞。

原文

20 子张问：『士何如斯可谓之达矣？』子曰：『何哉，尔所谓达者？』子张对曰：『在邦必闻，在家必闻。』子曰：『是闻也，非达也。夫达也者，质直而好义，察言而观色，虑以下人。在邦必达，在家必达。夫闻也者，色取仁而行违，居之不疑。在邦必闻，在家必闻。』

注释

色取仁而行违：表面上爱好仁德，行动上却是违背的。**居之不疑：**以仁德自居而不思量自省。

译文

子张问：『读书人要怎样做才算是通达了？』孔子说：『你所说的通达是什么意思？』子张答道：『在国家做官时一定有名望，在大夫家做事时一定有名望。』孔子道：『这个叫名声，不叫通达。怎样才是通达呢？品质正直，遇事讲理，善于分析别人的言语，观察别人的脸色，时常想到对别人谦让。这样的人，在国家做官时固然事事行得通，在大夫家做事时也一定事事行得通。至于闻，表面上似乎爱好仁德，实际行为却不如此，可是自己竟以仁人自居而不加疑惑。这种人，做官时一定虚有其名，居家做事时也一定虚有其名。』

樊遲從遊於舞雩之下。曰。敢問崇德。脩慝。辨惑。子曰。善哉問。先事後得。非崇德與。攻其惡。無攻人之惡。非脩慝與。一朝之忿。忘其身。以及其親。非惑與。

原文

21 樊迟从游于舞雩之下，曰：『敢问崇德，修慝，辨惑。』子曰：『善哉问！先事后得，非崇德与？攻其恶，无攻人之恶，非修慝与？一朝之忿，忘其身，以及其亲，非惑与？』

注释

修慝：消除他人暗中的怨恨。慝，音tè，恶念。**攻其恶，无攻人之恶：**意为自我批评，别攻击别人。

译文

樊迟陪侍孔子在舞雩台下游逛，说道：『请问如何提高自己的品德修养，怎样消除别人暗藏的怨恨，怎样辨别出哪种是糊涂事？』孔子道：『问得好！首先付出劳动，然后获得收获，这不就可以提高品德修养了吗？进行自我批评，而不是指责别人的缺点，这不就消除无形的怨恨了吗？因为偶然的愤怒，便自我失控，甚至殃及父母，不是糊涂吗？』

樊遲問仁。子曰。愛人。問知。子曰。知人。

樊遲未達。子曰。舉直錯諸枉。能使枉者直。

樊遲退。見子夏曰。鄉也吾見於夫子而問知。

子曰。舉直錯諸枉。能使枉者直。何謂也。

原文

22 樊迟问仁。子曰：『爱人。』问知。子曰：『知人。』

樊迟未达。子曰：『举直错诸枉，能使枉者直。』

樊迟退，见子夏曰：『乡也吾见于夫子而问知，子曰：「举直错诸枉，能使枉者直。」何谓也？』

注释

乡：读去声，同『向』。

译文

樊迟问什么是仁。孔子说：『爱人。』又问什么是智。孔子说：『善于鉴别人才。』樊迟没有透彻理解。孔子说：『把正直的人提拔出来，置于邪恶人之上，能够使邪恶人正直起来。』樊迟退了出来，见到子夏，说道：『刚才我去见老师向他问智，他说：「把正直人提拔出来，置于邪恶人之上。」这是什么意思？』

子夏曰。富哉言乎。舜有天下。選於衆。舉皋陶。不仁者遠矣。湯有天下。選於衆。舉伊尹。不仁者遠矣。

子貢問友。子曰。忠告而善道之。不可則止。毋自辱焉。

曾子曰。君子以文會友。以友輔仁。

原文

子夏曰：『富哉言乎！舜有天下，选于众，举皋陶，不仁者远矣。汤有天下，选于众，举伊尹，不仁者远矣。』

23 子贡问友。子曰：『忠告而善道之，不可则止，毋自辱焉。』

24 曾子曰：『君子以文会友，以友辅仁。』

译文

子夏道：『这里的涵义多么丰富呀！舜有了天下，在众人之中选拔人才，把皋陶提拔起来，不仁的人就远远地离了。汤有了天下，在众人之中选拔人才，把伊尹提拔起来，那些不仁的人也就远远离开了。』

子贡请教交友的方法。孔子说：『忠心地劝告他，并好好地开导他，如果他不听从，也就罢了，不要自取其辱。』

曾子说：『君子用文章学问会集朋友，用朋友来帮助自己培养仁德。』

注释

富：意义丰富。**皋陶：**音gāo yáo，舜的臣子。**汤：**商朝的开国之君。**伊尹：**汤的宰相。**友：**指待友之法。**道：**开导。**不可则止：**不听则停止。**以友辅仁：**用朋友培植自己的仁德。

子路篇第十三

○

本篇也多是孔子谈为政之道的，其中最值得品味的是第三段中子路与孔子的对话。

子路问：假若卫国让老师为政，应该从哪里开始着手？孔子说先从“正名”（即确立名分）开始。子路说：如果是那样，老师就太迂腐了。孔子由此批评子路狂野无知，并说了那段“名不正，则言不顺……”的话。这段话的要义是：“正名”就是定规矩，如果没有规矩，则诸事不成，到后来刑罚也无法正确使用，老百姓也无所适从。从这一点看，孔子是有鲜明问题导向的，也反映了他一贯的为政思想，历史上把这叫作“形名责实”。

本篇第九则所载冉有随孔子去卫国时的那段对话，也十分有深意。孔子感叹卫国人口多，这在先秦时是国家强盛的表现。冉有问：人口多后怎么办？孔子回答是让百姓富起来。冉有又问：百姓富了怎么办？孔子的回答是教化他们。孔子在为政中，特别强调教化的作用，体现的是一种德治精神，这也是与法家重刑罚最大的区别。

正是基于德治精神，孔子一直强调统治者自身要严于律己，率先垂范。他说：“其身正，不令而行；其身不正，虽令不从。”又说：“苟正其身矣，于从政乎何有？不能正其身，如正人何？”

本篇中有一段叶公与孔子谈论“直”（即率直而为）的对话。孔子不赞成父子犯罪时互相揭发，而主张“父为子隐，子为父隐”。反映了儒家不害亲情的伦理原则和法理原则，这在日本等国仍在实行，对我国当今的法治建设亦有很大的启发意义。

本篇中，孔子还谈到君子、士等的品德问题，也都十分精辟，值得好好品味。

子路問政。子曰。先之勞之。請益。曰。無倦。

仲弓為季氏宰。問政。子曰。先有司。赦小過。舉賢才。曰。焉知賢才而舉之。子曰。舉爾所知。爾所不知。人其舍諸。

原文

01 子路问政。子曰：『先之劳之。』请益。曰：『无倦。』

02 仲弓为季氏宰，问政。子曰：『先有司，赦小过，举贤才。』曰：『焉知贤才而举之？』子曰：『举尔所知。尔所不知，人其舍诸？』

注释

先之劳之：率先作则，百姓自愿勤劳。**益：**再予指导。**有司：**指众官。

译文

子路请教为政之道。孔子说：『自己先要身体力行带好头，然后老百姓才愿意辛勤劳作。』子路请求多讲一点。孔子又道：『永远不要懈怠。』

仲弓做了季氏家的总管，向孔子请教怎样管理政事。孔子说：『给官员们做出表率，不计较人家的小错误，提拔优秀人才。』仲弓说：『怎样识别优秀人才并提拔出来呢？』孔子说：『提拔你所知道的贤人。那些你所不知道的人才，别人难道会埋没他吗？』

子路曰。衛君待子而為政。子將奚先。

子曰。必也正名乎。

子路曰。有是哉。子之迂也。奚其正。

原文

03

子路曰：『卫君待子而为政，子将奚先？』

子曰：『必也正名乎！』

子路曰：『有是哉，子之迂也？奚其正？』

注释

正名：纠正名分。**迂：**迂腐。

译文

子路对孔子说：『卫君等着您去治国理政，您准备首先做什么？』

孔子道：『那一定是按礼制先纠正名分。』

子路道：『有这样做的吗？您真是太迂腐了。这名怎么正呢？』

子曰。野哉由也。君子於其所不知。蓋闕如也。名不正。則言不順。言不順。則事不成。事不成。則禮樂不興。禮樂不興。則刑罰不中。刑罰不中。則民無所錯手足。故君子名之必可言也。言之必可行也。君子於其言。無所苟而已矣。

原文

子曰："野哉，由也！君子于其所不知，盖阙如也。名不正，则言不顺；言不顺，则事不成；事不成，则礼乐不兴；礼乐不兴，则刑罚不中；刑罚不中，则民无所错手足。故君子名之必可言也，言之必可行也。君子于其言，无所苟而已矣。"

注释

中：适当。**错**：同"措"，放置。**苟**：马虎。

译文

孔子道："仲由，真粗野啊，君子对于自己所不懂的，大概采取保留的态度吧。名分不当，言论就不能顺理成章；言论不顺理成章，事情就不可能搞好；事情搞不好，国家的礼乐制度也就兴建不起来；礼乐不能兴建，刑罚也就不会得当；刑罚不得当，百姓就会（惶惶不安）连手脚都不晓得摆在哪里才好。所以，君子要定下一个名分，一定可以说得出道理来，而顺理成章的言论也一定行得通。君子对于措辞说话，是从不马虎对待的。"

樊遲請學稼。子曰。吾不如老農。請學為圃。曰。吾不如老圃。

樊遲出。子曰。小人哉。樊須也。上好禮。則民莫敢不敬。上好義。則民莫敢不服。上好信。則民莫敢不用情。夫如是。則四方之民襁負其子而至矣。焉用稼。

原文

04

樊迟请学稼。子曰：『吾不如老农。』请学为圃。曰：『吾不如老圃。』

樊迟出。子曰：『小人哉，樊须也！上好礼，则民莫敢不敬；上好义，则民莫敢不服；上好信，则民莫敢不用情。夫如是，则四方之民襁负其子而至矣，焉用稼？』

注释

稼：音jià，种庄稼。**圃：**菜蔬。

老圃：老菜农。**襁负：**背负。

译文

樊迟向孔子请教如何种庄稼。孔子说：『我不如老农民。』又请教如何种菜蔬。孔子说：『我不如老菜农。』

樊迟退了出来。孔子说：『樊迟真是个小人啊！领导者讲究礼仪，百姓就没有人敢不恭敬的；领导者爱好道义，百姓就没有人敢不服从的；领导者诚恳信实，百姓就没有人敢不诚实的。如果做到这样，那么四方的百姓都会背负幼子前来投奔，何必要自己种庄稼呢？』

子曰。誦詩三百。授之以政。不達。使於四方。不能專對。雖多。亦奚以為。

子曰。其身正。不令而行。其身不正。雖令不從。

原文

05 子曰：『诵诗三百，授之以政，不达。使于四方，不能专对。虽多，亦奚以为？』

06 子曰：『其身正，不令而行；其身不正，虽令不从。』

注释

达：办到。**使**：出使。**专对**：斡旋酬对。**正**：此指思想行为端正不偏。

译文

孔子说：『熟读《诗经》三百篇，交给他处理政事，却办不通；叫他出使到四方各国，又不能独立地去谈判酬酢；虽然读书多，又有什么用处呢？』

孔子说：『一个管理者如果本身行为端正，不用发布命令，事情也能顺畅运行；如果本身行为不端正，纵然三令五申，百姓也不会信从。』

子曰。鲁卫之政。兄弟也。

子谓卫公子荆。善居屋。始有。曰苟合矣。少有。曰苟完矣。富有。曰苟美矣。

原文

07 子曰：『鲁卫之政，兄弟也。』

08 子谓卫公子荆，『善居屋。始有，曰：「苟合矣。」少有，曰：「苟完矣。」富有，曰：「苟美矣。」』

注释

鲁卫：鲁为周公之后，卫为康叔之后。周公与康叔为兄弟，故鲁与卫为兄弟之国。**公子荆：**卫国大夫。**善居屋：**善于居家过日子。**苟：**苟且。

译文

孔子说：『鲁国的政事和卫国的政事，像兄弟之间的事一样。』

孔子谈到卫国的公子荆，说：『他善于居家过日子，当财物刚有一点时，便说道：「差不多够了。」当稍微多起来时，又说道：「差不多完备了。」当财物到了富有时候，便说道：「太华丽完美了。」』

子適衛。冉有僕。子曰。庶矣哉。

冉有曰。既庶矣。又何加焉。曰。富之。

曰。既富矣。又何加焉。曰。教之。

原文

09

子适卫，冉有仆。子曰：「庶矣哉！」冉有曰：「既庶矣，又何加焉？」曰：「富之。」曰：「既富矣，又何加焉？」曰：「教之。」

注释

庶：指人口稠密。

译文

孔子到卫国，冉有为他驾车。孔子说：「好稠密的人口！」冉有说：「人口已经众多了，又该怎么办呢？」孔子说：「使他们富裕起来。」冉有说：「已经富裕了，又该怎么办呢？」孔子说：「教育他们。」

子曰。苟有用我者。期月而已可也。三年有成。

子曰。善人為邦百年。亦可以勝殘去殺矣。誠哉是言也。

原文

10 子曰：『苟有用我者，期月而已可也，三年有成。』

11 子曰：『「善人为邦百年，亦可以胜残去杀矣。」诚哉是言也！』

注释

期月：年。期，音jī。**胜残去杀：**克服残暴，免除虐杀。

译文

孔子说：『如果有人用我主持国家政事，一年之内就可以见到成效了，三年便能成效显著。』

孔子说：『「善人治国理政一百年，也就能够消灭残暴行为和虐杀现象了。」这句话说得真对呀！』

子曰。如有王者。必世而後仁。

子曰。苟正其身矣。於從政乎何有。不能正其身。如正人何。

冉子退朝。子曰。何晏也。對曰。有政。子曰。其事也。如有政。雖不吾以。吾其與聞之。

原文

12 子曰：『如有王者，必世而后仁。』

13 子曰：『苟正其身矣，于从政乎何有？不能正其身，如正人何？』

14 冉子退朝。子曰：『何晏也？』对曰：『有政。』子曰：『其事也。如有政，虽不吾以，吾其与闻之。』

注释

王：儒家认为是受圣人之命而兴者，与『霸』靠武力而兴者相对。**何有：**『何有之难』之略写。**晏：**晚。**事：**一般性事务。**政：**重大政事（多指祭战）。

译文

孔子说：『如果有王者兴起，必定需要三十年才能使仁政大行。』

孔子说：『如果端正了自己的言行，治国理政还有什么困难呢？连本身都不能端正，怎么端正别人呢？』

冉有从朝廷回来。孔子说：『为什么今天回来得这样晚呢？』冉有答道：『有政务。』孔子说：『那只是一般性事务罢了。若是有政务，即使不用我了，我也会知道的。』

定公問。一言而可以興邦。有諸。孔子對曰。言不可以若是其幾也。人之言曰。爲君難。爲臣不易。如知爲君之難也。不幾乎一言而興邦乎。

原文

15

定公问：『一言而可以兴邦，有诸？』

孔子对曰：『言不可以若是其几也，人之言曰：「为君难，为臣不易。」如知为君之难也，不几乎一言而兴邦乎？』

注释

几：通『冀』，意为希望、期望。

译文

鲁定公问：『一句话使国家兴盛，有这事吗？』

孔子答道：『对于一句话不能抱这么大的期待。不过，有人说：「做君上很难，做臣子也不容易。」如果知道了做君上的艰难，（大家自然会谨慎从事，）这不近于一句话便使国家兴盛吗？』

曰。一言而喪邦。有諸。孔子對曰。言不可以若是其幾也。人之言曰。予無樂乎為君。唯其言而莫予違也。如其善而莫之違也。不亦善乎。如不善而莫之違也。不幾乎一言而喪邦乎。

原文

曰：『一言而丧邦，有诸？』

孔子对曰：『言不可以若是其几也，人之言曰：「予无乐乎为君，唯其言而莫予违也。」如其善而莫之违也，不亦善乎？如不善而莫之违也，不几乎一言而丧邦乎？』

注释

莫予违：『莫违予』的倒装。

译文

定公又问：『一句话可以使国家丧失，有这样的事吗？』

孔子答道：『对于一句话不能抱这么大的期待。不过，有人说：「我做国君没有别的快乐，唯一使我高兴的是我说的话都没有人敢违抗。」假如说的话正确而没有人违抗，不也好吗？假如说的话不正确也没有人违抗，这不近于一句话便使国家丧亡了吗？』

葉公問政。子曰。近者説。遠者來。

子夏爲莒父宰。問政。子曰。無欲速。無見小利。欲速。則不達。見小利。則大事不成。

原文

16 叶公问政。子曰：『近者说，远者来。』

17 子夏为莒父宰，问政。子曰：『无欲速，无见小利。欲速，则不达；见小利，则大事不成。』

注释

近者说，远者来：使近处的人民感到高兴，那么远处的人民就会闻风归附。说，同『悦』。这是儒家王道思想的典型反映。**莒父：**音jǔ fǔ，鲁国的城邑。

译文

叶公请教政治。孔子道：『使近处的人民感到快乐满意，那么远处的人民就会来投奔。』

子夏做了莒父的长官，请教政治。孔子说：『不要急于求成，不要贪图小利。急于求成，反而不能达到目的；贪图小利，就办不成大事。』

葉公語孔子曰。吾黨有直躬者。其父攘羊。而子證之。孔子曰。吾黨之直者異於是。父為子隱。子為父隱。直在其中矣。

原文

18 叶公语孔子曰：『吾党有直躬者，其父攘羊，而子证之。』孔子曰：『吾党之直者异于是：父为子隐，子为父隐，直在其中矣。』

注释

直躬：坦白直率。**攘：**偷盗。**证：**指证。**父为子隐，子为父隐：**父亲替儿子隐瞒，儿子替父亲隐瞒。这是儒家对亲情相护的一种理解。

译文

叶公对孔子说：『我们家乡有个坦白直率的人，他父亲偷了羊，他便告发。』孔子说：『我们家乡坦白直率的人和你们那里的不同：（父子中有一方犯了事，）父亲替儿子隐瞒，儿子替父亲隐瞒，这才是坦白直率吧。』

樊遲問仁。子曰。居處恭。執事敬。與人忠。雖之夷狄。不可棄也。

原文

19 樊迟问仁。子曰：『居处恭，执事敬，与人忠。虽之夷狄，不可弃也。』

注释

之：动词，到。

译文

樊迟请教仁德。孔子道：『平日生活起居要端庄恭敬，做事严肃认真，对他人忠心诚意。这几种品德，就是到外国去，也是不能废弃的。』

子貢問曰。何如斯可謂之士矣。子曰。行己有恥。使於四方。不辱君命。可謂士矣。曰。敢問其次。曰。宗族稱孝焉。鄉黨稱弟焉。曰。敢問其次。曰。言必信。行必果。硜硜然小人哉。抑亦可以為次矣。曰。今之從政者何如。子曰。噫。斗筲之人。何足算也。

20

原文

子贡问曰：『何如斯可谓之士矣？』子曰：『行己有耻，使于四方，不辱君命，可谓士矣。』

曰：『敢问其次。』曰：『宗族称孝焉，乡党称弟焉。』

曰：『敢问其次。』曰：『言必信，行必果，硁硁然小人哉！抑亦可以为次矣。』

曰：『今之从政者何如？』子曰：『噫！斗筲之人，何足算也？』

注释

硁硁： 音kēng kēng，鲁莽直行。

斗筲之人： 比喻气量狭小之人。筲，音shāo，饭筐。

译文

子贡问道：『怎样做才可以称得上「士」呢？』孔子说：『能用羞耻之心约束自己的行为，出使外国，不辜负君主的使命，可以称作「士」了。』

子贡说：『请问次一等的「士」是什么样的？』孔子说：『宗族的人称赞他孝顺父母，乡里的人称赞他尊敬兄长。』

子贡又说：『请问再次一等的呢？』孔子说：『说话一定守信用，做事一定坚定果断，这虽是鲁莽直行的小人呀，但也可以说是再次一等的「士」了。』

子贡说：『现在的从政者怎么样？』孔子说：『唉！这些气量狭小的人算得什么？』

子曰。不得中行而與之。必也狂狷乎。狂者進取。狷者有所不為也。

子曰。南人有言曰。人而無恒。不可以作巫醫。善夫。不恒其德。或承之羞。子曰。不占而已矣。

原文

21 子曰：『不得中行而与之，必也狂狷乎！狂者进取，狷者有所不为也。』

22 子曰：『南人有言曰：「人而无恒，不可以作巫医。」善夫！』『不恒其德，或承之羞。』子曰：『不占而已矣。』

译文

孔子说：『找不到言行合乎中庸之道的人而和他们交往，那一定要交到志高而激进的人和廉洁耿直的人吧！激进的人勇于进取，廉洁耿直的人不会做坏事。』

孔子说：『南方人有句话说：「人如果没有恒心，连巫医都做不了。」这句话很好呀！』《易经·恒卦》的《爻辞》说：『有想做的事却没有恒心来坚持，这是有可能招致羞耻。』孔子说：『这句话的意思是叫无恒心的人不必去占卦罢了。』

注释

与：相与、相交。**狂狷：**狂，志高而激进。狷，音juàn，拘谨自守，洁身自好，性情耿直。**南人：**南方之人。**巫医：**巫，卜筮之人；医，治病之人。因古代祛禳与治疗并用，故两者常常并称。

子曰。君子和而不同。小人同而不和。

子貢問曰。鄉人皆好之何如。子曰。未可也。鄉人皆惡之何如。子曰。未可也。不如鄉人之善者好之。其不善者惡之。

原文

23 子曰：『君子和而不同，小人同而不和。』

24 子贡问曰：『乡人皆好之，何如？』子曰：『未可也。』『乡人皆恶之，何如？』子曰：『未可也。不如乡人之善者好之，其不善者恶之。』

注释

和而不同：和谐协调而不是无原则附和。与下文『同而不和』相对。**乡人：**乡党。

译文

孔子说：『君子追求和谐但不完全相同、随意附和；小人追求与人相同、盲目附和而不求和谐。』

子贡问道：『乡里人都喜欢他，这个人怎么样？』孔子说：『未必怎样。』子贡便又道：『乡里人都厌恶他，这个人怎么样？』孔子说：『未必怎样。最好是乡里的好人都喜欢他，乡里的坏人都厌恶他。』

子曰。君子易事而難說也。說之不以道。不說也。及其使人也。器之。小人難事而易說也。說之雖不以道。說也。及其使人也。求備焉。

原文

25

子曰：『君子易事而难说也。说之不以道，不说也；及其使人也，器之。小人难事而易说也。说之虽不以道，说也；及其使人也，求备焉。』

译文

孔子说：『与君子共事很容易，但讨他的欢喜却难。用不正当的方式去讨好他，他是不会喜欢的，等到他使用人的时候，能衡量各人的才德去分配任务。与小人共事很难，但讨他的欢喜却很容易。用不正当的方式去讨好他，他会很高兴，等到他使用人的时候，便会百般挑剔，求全责备。』

注释

易事：容易共事。与下文『难事』相对。**难说：**难以使之高兴。与下文『易说』相对。说，同『悦』。**器之：**按才能使用。**求备：**求全责备，意为百般挑剔。

子曰。君子泰而不驕。小人驕而不泰。

子曰。剛。毅。木。訥近仁

原文

26 子曰：『君子泰而不骄，小人骄而不泰。』

27 子曰：『刚、毅、木、讷近仁。』

注释

泰而不骄：安详舒泰而不骄气凌人。与下文『骄而不泰』相对。**刚、毅、木、讷：**刚强、果敢、质朴、少言。

译文

孔子说：『君子安详坦然，却不骄气凌人；小人骄气凌人，却不安详坦然。』

孔子说：『刚强、坚毅、质朴、慎言，具备了这四种品德的人近于仁德。』

子路問曰。何如斯可謂之士矣。子曰。切切偲偲。怡怡如也。可謂士矣。朋友切切偲偲。兄弟怡怡。

子曰。善人教民七年。亦可以即戎矣。

子曰。以不教民戰。是謂棄之。

原文

28 子路问曰：『何如斯可谓之士矣？』子曰：『切切偲偲，怡怡如也，可谓士矣。朋友切切偲偲，兄弟怡怡。』

29 子曰：『善人教民七年，亦可以即戎矣。』

30 子曰：『以不教民战，是谓弃之。』

译文

子路问：『怎么样才可以称为「士」呢？』孔子说：『互相批评，和睦共处，就可以叫作「士」了。朋友之间要互相勉励督促；兄弟之间要和睦共处。』

孔子说：『善人训练人民达七年之久，就可以叫他们去作战了。』

孔子说：『让未受过训练的人民去作战，这等于糟蹋生命。』

注释

切切偲偲：互相责备的样子。偲，音sī。**怡怡**：和谐相处。**即戎**：意为从事战争。**以不教民战**：用未经训练的人民去打仗。**弃**：抛弃、糟蹋。

宪问篇第十四

本篇中，既载有孔子对古今人物的评论，也载有孔子谈处世、为学之道等内容。

其中对古今人物的评论，包括晋文公、齐桓公等春秋霸主，还包括管仲、子产等春秋名相，以及与孔子同时期的一些卿大夫。孔子对这些人物有褒有贬，并没有以“仁”“礼”等原则进行评判，而更多地看重他们对当时社会的贡献。如子贡问到管仲仁不仁的问题，孔子认为管仲做齐桓公的宰相，称霸诸侯，匡正天下，使华夏文明得以保存，功业是巨大的。谈到郑国大夫子产，也因其政绩卓著，造福百姓，给予“惠人”的美誉。这说明孔子也不是不顾当时现实状况，而一味地恢复周代礼制。他有理想追求，也有面对现实的一面。

孔子谈处世之道，本篇有一句“邦有道，危言危行；邦无道，危行言孙”，与他在《泰伯》篇中所说的“天下有道则见，无道则隐”，有一脉相承之处。但这里凸显了“危”（意为正直）的原则，所以更鲜明地反映了孔子真实的内心世界。另外，孔子在回答是否要“以德报怨”时，提出的原则是“以直报怨，以德报德”。这也说明孔子不是一个无原则的懦弱之人，他的刚正性格，是深藏在内心的。

关于为学，本篇有句“古之学人为己，今之学人为人”，堪称至理名言。做学问而成为功利手段，看来在孔子时期已经大行其道。孔子对此深恶之，故大发其慨。

憲問恥。子曰。邦有道。穀。邦無道。穀。恥也。

克。伐。怨。欲不行焉。可以為仁矣。子曰。可以為難矣。仁則吾不知也。

原文

01

宪问耻。子曰：『邦有道，谷；邦无道，谷，耻也。』『克、伐、怨、欲不行焉，可以为仁矣？』子曰：『可以为难矣，仁则吾不知也。』

注释

宪：原宪，字子思，孔子的学生。**克、伐、怨、欲：**好胜、自夸、怨恨、贪心。**难：**意为难能可贵。

译文

原宪问如何叫耻辱。孔子说：『国家政治清明，做官领薪俸；国家政治黑暗，也做官领薪俸，这就是耻辱。』原宪又问：『好胜、自夸、怨恨和贪婪四种毛病都不曾表现过，这可以说是仁人了吗？』孔子道：『可以说是难能可贵的了，至于是否是仁，我就不能断定了。』

子曰。士而懷居。不足以為士矣。

子曰。邦有道。危言危行。邦無道。危行言孫。

子曰。有德者必有言。有言者不必有德。仁者必有勇。勇者不必有仁。

原文

02 子曰：『士而怀居，不足以为士矣。』

03 子曰：『邦有道，危言危行；邦无道，危行言孙。』

04 子曰：『有德者必有言，有言者不必有德。仁者必有勇，勇者不必有仁。』

注释

怀居：恋家。**危言危行**：言行正直。危，正。**危行言孙**：行为正直，言语谨慎。孙，同『逊』。**言**：指流传于世的名言。

译文

孔子说：『士人如果留恋安逸的生活，便不配做士人了。』

孔子说：『国家政治清明，言语正直，行为正直；国家政治黑暗，行为也要正直，言语应谦逊谨慎。』

孔子说：『有道德的人一定有名言，但有名言的人不一定有道德。仁人一定勇敢，但勇敢的人不一定有仁德。』

南宮适問於孔子曰。羿善射。奡盪舟。俱不得其死然。禹稷躬稼而有天下。夫子不答。

南宮适出。子曰。君子哉若人。尚德哉若人。

原文

05 南宫适问于孔子曰：『羿善射，奡荡舟，俱不得其死然。禹稷躬稼而有天下。』夫子不答。南宫适出，子曰：『君子哉若人！尚德哉若人！』

注释

南宫适： 南容，孔子的学生。**羿：** 音yì，古代传说中的射箭能手。**奡：** 音ào，古代传说中的人物，夏代寒浞之子，力大，能陆地负舟而行。

译文

南宫适向孔子问道：『羿擅长射箭，奡擅长水战，都没有得到善终。禹和稷亲自耕作庄稼，却得到了天下。（这些历史如何解释？）』孔子没有回答。南宫适退了出来。孔子说：『这个人是一个君子！这个人多么尊尚道德啊！』

子曰。君子而不仁者有矣夫。未有小人而仁者也。

子曰。愛之。能勿勞乎。忠焉。能勿誨乎。

子曰。為命。裨諶草創之。世叔討論之。行人子羽脩飾之。東里子産潤色之。

原文

06 子曰：『君子而不仁者有矣夫，未有小人而仁者也。』

07 子曰：『爱之，能勿劳乎？忠焉，能勿诲乎？』

08 子曰：『为命，裨谌草创之，世叔讨论之，行人子羽修饰之，东里子产润色之。』

注释

君子：此处当指有官位者。**能勿劳乎**：能不使他经受劳苦吗？**为命**：意为受命制定政令。**裨谌**：郑国大夫。**世叔**：名游吉，郑国大夫。**行人子羽**：行人，官职。子羽，公孙挥的字，郑国大夫。

译文

孔子说：『君子中也许有不仁的人吧，但小人中却不会有仁人。』

孔子说：『爱他，能不以勤劳相劝勉吗？忠于他，能不以善言来教诲他吗？』

孔子说：『郑国外交辞令的创制，由裨谌拟稿，世叔提意见，外交官子羽修改，子产做最后润色加工。』

或問子產。子曰。惠人也。

問子西。曰。彼哉。彼哉。

問管仲。曰。人也。奪伯氏駢邑三百。飯疏食。沒齒無怨言。

原文

09

或问子产。子曰：『惠人也。』

问子西。曰：『彼哉！彼哉！』

问管仲。曰：『人也。夺伯氏骈邑三百，饭疏食，没齿无怨言。』

注释

惠人：宽而爱人。**子西：**郑国大夫公孙夏，子产的同宗兄弟。**彼哉：**他呀。有轻视之意。**伯氏骈邑：**伯氏，齐国大夫。骈邑，地名。

译文

有人向孔子问子产是怎样的人。孔子说：『是宽厚慈惠的人。』

又问子西是怎样的人。孔子说：『他呀！他呀！』

又问到管仲是怎样的人。孔子说：『他是人才。剥夺了伯氏骈邑三百户的封地，使伯氏只能吃粗粮，到死没有怨言。』

子曰。貧而無怨難。富而無驕易。

子曰。孟公綽為趙魏老則優。不可以為滕薛大夫。

原文

10 子曰：『贫而无怨难，富而无骄易。』

11 子曰：『孟公绰为赵魏老则优，不可以为滕薛大夫。』

注释

难：困难。与下文『易』相对。**孟公绰：**鲁国大夫。**老：**又称室老，指家臣。**优：**意为胜任有余。**滕薛：**春秋时两个小国，在鲁国附近。

译文

孔子说：『贫穷却没有怨恨，很难；富贵却不骄傲，倒容易做到。』

孔子说：『若是叫孟公绰做晋国赵氏、魏氏的家臣，那是绰绰有余的；但是做不了滕国和薛国这样小国的大夫。』

子路問成人。子曰。若臧武仲之知。公綽之不欲。卞莊子之勇。冉求之藝。文之以禮樂。亦可以爲成人矣。曰。今之成人者何必然。見利思義。見危授命。久要不忘平生之言。亦可以爲成人矣。

原文

12

子路问成人。子曰：『若臧武仲之知，公绰之不欲，卞庄子之勇，冉求之艺，文之以礼乐，亦可以为成人矣。』曰：『今之成人者何必然？见利思义，见危授命，久要不忘平生之言，亦可以为成人矣。』

注释

成人：全人，人格完备的人。**臧武仲**：鲁国大夫，以聪明著称。**卞庄子**：鲁国的勇士。**文**：增加、增添。

译文

子路问怎样才算完人。孔子说：『智慧像臧武仲，清心寡欲像孟公绰，勇敢像卞庄子，多才多艺像冉求，再用礼乐来增加他的文采，就可以说是个完人了。』孔子随后又说：『如今的完人哪里一定要这样？看见利益便能想到道义，遇到危险便肯付出生命，长期处在穷困之中也不忘记平日的诺言，也可以说是完人了！』

子問公叔文子於公明賈曰。信乎。夫子不言。不笑。不取乎。

公明賈對曰。以告者過也。夫子時然後言。人不厭其言。樂然後笑。人不厭其笑。義然後取。人不厭其取。

子曰。其然。豈其然乎。

原文

13 子问公叔文子于公明贾曰：『信乎，夫子不言，不笑，不取乎？』

公明贾对曰：『以告者过也。夫子时然后言，人不厌其言；乐然后笑，人不厌其笑；义然后取，人不厌其取。』子曰：『其然？岂其然乎？』

注释

公叔文子：卫国大夫。**公明贾：**卫国人。**以：**代词，此。**时：**适时。

译文

孔子向公明贾了解公叔文子，说：『他老人家不言语，不笑，不取，是真的吗？』

公明贾答道：『这是告诉你的人说错了。他老人家到该说话的时候才说话，别人不讨厌他的话；高兴了才笑，别人不厌烦他的笑；应该取的时候才取，别人不厌恶他的取。』孔子说道：『是这样吗？难道真是这样的吗？』

子曰。臧武仲以防求為後於魯。雖曰不要君。吾不信也。

子曰。晉文公譎而不正。齊桓公正而不譎。

原文

14 子曰：『臧武仲以防求为后于鲁，虽曰不要君，吾不信也。』

15 子曰：『晋文公谲而不正，齐桓公正而不谲。』

注释

防： 地名，臧武仲的采邑。**要：** 音yāo，要挟。**晋文公：** 名重耳，春秋五霸之一。**谲：** 音jué，欺诈。**齐桓公：** 名小白，春秋五霸之一。

译文

孔子说：『臧武仲（逃到齐国之前）凭借防邑请求立他的后代为鲁国的卿大夫，虽然有人说他不是要挟国君，我是不相信的。』

孔子说：『晋文公诡诈而不正派，齐桓公作风正派而不诡诈。』

子路曰。桓公殺公子糾。召忽死之。管仲不死。曰。未仁乎。子曰。桓公九合諸侯。不以兵車。管仲之力也。如其仁。如其仁。

原文

16 子路曰：『桓公杀公子纠，召忽死之，管仲不死。』曰：『未仁乎？』子曰：『桓公九合诸侯，不以兵车，管仲之力也。如其仁，如其仁。』

注释

公子纠：齐桓公的兄弟。**召忽**：齐国大夫，与管仲一起护佑过公子纠。**九合诸侯**：九次集合诸侯。史载实为十一次，此处是虚指。

译文

子路说：『齐桓公杀了他哥哥公子纠，（公子纠的师傅）召忽因此自杀以殉，（但是他的另一位师傅）管仲却活着。』接着又说：『管仲是不仁吧？』孔子说：『齐桓公多次主持诸侯间的盟会，停止了战争，都是管仲的力量。这就是管仲的仁德，这就是管仲的仁德。』

子貢曰。管仲非仁者與。桓公殺公子糾。不能死。又相之。子曰。管仲相桓公。霸諸侯。一匡天下。民到於今受其賜。微管仲。吾其被髮左衽矣。豈若匹夫匹婦之為諒也。自經於溝瀆而莫之知也。

原文

17 子贡曰：『管仲非仁者与？桓公杀公子纠，不能死，又相之。』子曰：『管仲相桓公，霸诸侯，一匡天下，民到于今受其赐。微管仲，吾其被发左衽矣。岂若匹夫匹妇之为谅也，自经于沟渎而莫之知也？』

注释

微：假若没有。**被发左衽：**披散头发，衣襟左开。此比喻沦为蛮夷之族。被，同『披』。**谅：**小信。**自经：**自缢。**沟渎：**沟渠。

译文

子贡道：『管仲不是仁人吧？齐桓公杀掉了公子纠，他不但不以身殉难，还去辅相齐桓公。』孔子说：『管仲辅相齐桓公，称霸诸侯，使天下一切得到匡正，人民至今还受到他的好处。如果没有管仲，我们都会披散着头发，衣襟向左边开，（沦为落后民族了。）难道他要像普通百姓一样守着小节小信，在山沟中上吊自杀而无人知道吗？』

公叔文子之臣大夫僎與文子同升諸公。子聞之曰。可以爲文矣。

原文

18 公叔文子之臣大夫僎与文子同升诸公。子闻之曰：『可以为「文」矣。』

注释

臣大夫僎：臣大夫，家臣大夫；僎，音zhuàn，人名。**文：**此为谥号。

译文

公叔文子的家臣大夫僎，（由于文子的推荐）和文子一起做了国家的大臣。孔子知道了这事，便说：『可以给他「文」的谥号了。』

子言衛靈公之無道也。康子曰。夫如是。奚而不喪。孔子曰。仲叔圉治賓客。祝鮀治宗廟。王孫賈治軍旅。夫如是。奚其喪。

子曰。其言之不怍。則為之也難

原文

19 子言卫灵公之无道也。康子曰：『夫如是，奚而不丧？』孔子曰：『仲叔圉治宾客，祝鮀治宗庙，王孙贾治军旅。夫如是，奚其丧？』

20 子曰：『其言之不怍，则为之也难。』

注释

丧：败亡。**仲叔圉：**即孔文子。**怍：**音zuò，惭愧。

译文

孔子讲到卫灵公的昏庸无道，季康子说：『既然这样，为什么不丧国呢？』孔子说：『他有仲叔圉接待宾客，祝鮀管理宗庙祭祀，王孙贾统率军队，像这样，怎么会丧国？』

孔子说：『说话大言不惭，实行这些话就很难。』

陳成子弒簡公。孔子沐浴而朝，告於哀公曰：
陳恒弒其君，請討之。公曰：告夫三子。
孔子曰：以吾從大夫之後，不敢不告也。君曰告夫
三子者。
之三子告，不可。
孔子曰：以吾從大夫之後，不敢不告也。

21

原文

陈成子弑简公。孔子沐浴而朝，告于哀公曰：『陈恒弑其君，请讨之。』公曰：『告夫三子！』

孔子曰：『以吾从大夫之后，不敢不告也。君曰「告夫三子」者！』之三子告，不可。

孔子曰：『以吾从大夫之后，不敢不告也。』

注释

陈成子：即陈恒。**简公**：齐简公。

讨：讨伐。**三子**：指鲁国执掌实权的季孙、仲孙、孟孙三位大夫。**之**：同『至』。

译文

陈恒杀了齐简公。孔子斋戒沐浴后去朝见鲁哀公，告诉哀公说：『陈恒杀了他的君主，请出兵讨伐他。』哀公说：『你去向季孙、仲孙、孟孙三人报告吧！』

孔子退朝后说：『因为我曾经做过大夫，不敢不来报告，可君上却对我说：「去向那三人报告。」』孔子又去报告三位大臣，他们不同意讨伐。

孔子说：『因为我曾经做过大夫，不敢不报告。』

子路問事君。子曰。勿欺也。而犯之。

子曰。君子上達。小人下達。

子曰。古之學者爲己。今之學者爲人。

原文

22 子路问事君。子曰：『勿欺也，而犯之。』

23 子曰：『君子上达，小人下达。』

24 子曰：『古之学者为己，今之学者为人。』

注释

犯：触犯。**上达：**指通达于上（仁德）。与下文的『下达』（指利益）相对。**为己：**为自己，指修养自身的学问道德。**为人：**为他人，指博取他人的评价。

译文

子路问怎样服侍君主。孔子说：『不要欺骗他，却可以犯颜直谏。』

孔子说：『君子向上通达于仁义，小人向下通达于财利。』

孔子说：『古代学者学习是为了充实提高自己的德行修养，现在学者学习是为了装饰给别人看。』

蘧伯玉使人於孔子。孔子與之坐而問焉。曰。夫子何為。對曰。夫子欲寡其過而未能也。使者出。子曰。使乎。使乎。

原文

25
蘧伯玉使人于孔子。孔子与之坐而问焉，曰：『夫子何为？』对曰：『夫子欲寡其过而未能也。』使者出。子曰：『使乎！使乎！』

注释

蘧伯玉：卫国大夫，名瑗。**寡其过：**减少过错。**使乎：**好一个使者。赞美之意。

译文

蘧伯玉派使者访问孔子。孔子给他座位，而后问道：『先生近来在做什么呢？』使者答道：『先生想要减少自己的过错却还没能做到。』使者辞别出来。孔子说：『好一位使者！好一位使者！』

子曰。不在其位。不謀其政。

曾子曰。君子思不出其位。

子曰。君子恥其言而過其行。

原文

26 子曰：『不在其位，不谋其政。』

曾子曰：『君子思不出其位。』

27 子曰：『君子耻其言而过其行。』

注释

『子曰：不在其位，不谋其政。』为衍文，已见前文『泰伯』篇。**耻其言而过其行：**对言过其行感到耻辱。

译文

孔子说：『不在这个职位上，就不去谋划这个职位上的政事。』

曾子说：『君子所思虑的不超越自己的职权范围。』

孔子说：『说得多，做得少，君子以为耻。』

子曰。君子道者三。我無能焉。仁者不憂。知者不惑。勇者不懼。子貢曰。夫子自道也。

子貢方人。子曰。賜也賢乎哉。夫我則不暇。

原文

28 子曰：『君子道者三，我无能焉：仁者不忧，知者不惑，勇者不惧。』子贡曰：『夫子自道也。』

29 子贡方人。子曰：『赐也贤乎哉？夫我则不暇。』

注释

夫子自道：夫子对自己的叙述。

方人：品评他人。**暇**：闲时。

译文

孔子说：『君子所循的三方面，我都没能做到：仁德的人不忧愁，智慧的人不迷惑，勇敢的人不惧怕。』子贡道：『这正是他老人家对自己心境的表述哩。』

子贡议论别人。孔子对他道：『你端木赐就够好了吗？我就没有这种闲暇（去议论别人）。』

子曰。不患人之不己知。患其不能也。

子曰。不逆詐。不億不信。抑亦先覺者。是賢乎。

原文

30 子曰：『不患人之不己知，患其不能也。』

31 子曰：『不逆诈，不亿不信，抑亦先觉者，是贤乎！』

注释

不能：没有能力。**亿：**同『忆』，猜度。

译文

孔子说：『不担心别人不了解我，只担心自己没有能力。』

孔子说：『不预先怀疑别人欺诈，也不无根据地猜测别人的不诚信，却能及早察觉，这样的人才是一位贤者吧！』

微生畝謂孔子曰。丘何為是栖栖者與。無乃為佞乎。孔子曰。非敢為佞也。疾固也。

子曰。驥不稱其力。稱其德也。

原文

32 微生亩谓孔子曰：『丘何为是栖栖者与？无乃为佞乎？』孔子曰：『非敢为佞也，疾固也。』

33 子曰：『骥不称其力，称其德也。』

注释

微生亩：人名。**栖栖：**忙忙碌碌。
疾固：讨厌顽固不化。**骥：**好马之称。

译文

微生亩对孔子说：『你为什么这样忙忙碌碌的呢？不是为了显示你的才辩吧？』孔子说：『我不敢显示我有才辩，而是讨厌那种顽固不化的人。』

孔子说：『把千里马叫作骥，并不是赞美它的力气，而是赞美它的品质。』

或曰。以德報怨。何如。子曰。何以報德。以直報怨。以德報德。

子曰。莫我知也夫。子貢曰。何為其莫知子也。子曰。不怨天。不尤人。下學而上達。知我者其天乎。

原文

34 或曰：『以德报怨，何如？』子曰：『何以报德？以直报怨，以德报德。』

35 子曰：『莫我知也夫！』子贡曰：『何为其莫知子也？』子曰：『不怨天，不尤人，下学而上达，知我者其天乎！』

注释

直：正直公平。**尤：**责备。

译文

有人对孔子说：『拿恩德来回报怨恨，怎么样？』孔子说：『那用什么来回报恩德呢？用公平正直来回报怨恨，用恩德来回报恩德。』

孔子叹道：『没有人了解我呀！』子贡说：『为什么没有人了解您呢？』孔子说：『不怨恨天，不责备人，学习一些平常的知识，却透彻了解很多的道理。了解我的，只有天吧！』

公伯寮愬子路於季孫。子服景伯以告。曰。夫子固有惑志於公伯寮。吾力猶能肆諸市朝。子曰。道之將行也與。命也。道之將廢也與。命也。公伯寮其如命何。

36

原文

公伯寮愬子路于季孙。子服景伯以告，曰：『夫子固有惑志于公伯寮，吾力犹能肆诸市朝。』

子曰：『道之将行也与，命也；道之将废也与，命也。公伯寮其如命何！』

注释

公伯寮：人名，字子周。**愬**：同『诉』，诬告。**子服景伯**：鲁国大夫，名何。**惑志**：心志迷惑。**肆诸市朝**：暴弃尸首于街头。

译文

公伯寮向季孙氏毁谤子路。子服景伯告诉孔子，并且说：『季孙氏已经被公伯寮迷惑了，我的力量还能把他的尸首示众于街头。』

孔子道：『我们的道如能实现，是天命决定的；道如不能实现，也是天命决定的。公伯寮能把天命怎样呢！』

子曰。賢者辟世。其次辟地。其次辟色。其次辟言。子曰。作者七人矣。

子路宿於石門。晨門曰。奚自。子路曰。自孔氏。曰。是知其不可而為之者與。

原文

37 子曰：「贤者辟世，其次辟地，其次辟色，其次辟言。」

子曰：「作者七人矣。」

38 子路宿于石门。晨门曰：「奚自？」子路曰：「自孔氏。」曰：「是知其不可而为之者与？」

注释

辟：同「避」。**奚自：**从何而来。

译文

孔子说：「有些贤者逃避恶浊社会而隐居，其次是择地方而处，再其次是避开不好的脸色，再其次是回避恶言。」孔子又说：「这样做的人已经有七位了。」

子路在石门住宿了一夜，（第二天清早进城，）司门者说：「从哪儿来？」子路说：「从孔子家来。」司门者说：「就是那位知道做不成却还要做的人吗？」

子擊磬於衛。有荷蕢而過孔氏之門者。曰。有心哉。擊磬乎。既而曰。鄙哉。硜硜乎。莫己知也。斯己而已矣。深則厲。淺則揭。子曰。果哉。末之難矣。

原文

39

子击磬于卫，有荷蒉而过孔氏之门者，曰：『有心哉，击磬乎！』既而曰：『鄙哉，硁硁乎！莫己知也，斯已而已矣。深则厉，浅则揭。』子曰：『果哉！末之难矣。』

注释

深则厉，浅则揭：水深索性连着衣服走过去，水浅不妨撩起衣服走过去。此两句见《诗经·邶风·匏有若叶》。**末之难：**无法阻止。

译文

孔子在卫国，一天正敲着磬，有一位挑着草筐的汉子恰在门前走过，便说道：『这个磬击打得有深意呀！』等一会儿又说：『磬声硁硁的，可鄙呀！（它好像在说，没有人知道我呀！）没有人知道自己，这就罢休好了。水深就索性穿着衣服走过去；水浅就撩起衣服走过去。』孔子道：『说得好坚决！没有办法说服他了。』

子張曰。書云。高宗諒陰。三年不言何謂也。子曰。何必高宗。古之人皆然。君薨。百官總己以聽於冢宰三年。

子曰。上好禮。則民易使也。

原文

40

子张曰：『书云：「高宗谅阴，三年不言。」何谓也？』子曰：『何必高宗，古之人皆然。君薨，百官总己以听于冢宰三年。』

41

子曰：『上好礼，则民易使也。』

注释

高宗谅阴：高宗，指商高宗。谅阴，居丧之所。**薨**：音hōng，指君王之死。**冢宰**：宰相。**上**：指有官位者，与『民』相对。

译文

子张说：『《尚书》上说：「殷高宗守孝，住在凶庐，三年不言语。」这是什么意思？』孔子说：『不仅仅是殷高宗，古人都是这样：国君死了，继承的君王三年不问政治，所有官员听命于宰相。』

孔子说：『在上位的人若遇事依礼而行，就容易使百姓听从指挥。』

子路問君子。子曰。脩己以敬。曰。如斯而已乎。曰。脩己以安人。曰。如斯而已乎。曰。脩己以安百姓。脩己以安百姓。堯舜其猶病諸。

原文

42

子路问君子。子曰：『修己以敬。』曰：『如斯而已乎？』曰：『修己以安人。』曰：『如斯而已乎？』曰：『修己以安百姓。修己以安百姓，尧舜其犹病诸？』

注释

安人：使百官安乐。此『人』为狭义，指有官位者，与下文『百姓』相对。

病：不足，意为办不到。

译文

子路请教君子之道。孔子说：『修养自己且严肃认真地做事。』子路道：『这样就够了吗？』孔子道：『修养自己且使上层人物安乐。』子路道：『这样就够了吗？』孔子道：『修养自己来使所有百姓安乐。修养自己来使所有百姓安乐，尧、舜大概还没有完全做到哩！』

原壤夷俟。子曰。幼而不孫弟。長而無述焉。老而不死。是爲賊。以杖叩其脛。

闕黨童子將命。或問之曰。益者與。子曰。吾見其居於位也。見其與先生並行也。非求益者也。欲速成者也。

原文

43 原壤夷俟。子曰：『幼而不孙弟，长而无述焉，老而不死，是为贼。』以杖叩其胫。

44 阙党童子将命。或问之曰：『益者与？』子曰：『吾见其居于位也，见其与先生并行也。非求益者也，欲速成者也。』

注释

原壤：孔子的老朋友。**夷俟：**夷，箕踞。俟，等候。**孙弟：**同『逊悌』。**胫：**小腿。**阙党：**地名，孔子所居之处。**将命：**传达信息。**益：**上进。**居于位：**此指不合礼制的居位。**与先生并行：**童子与先生并行，也是不合礼制的行为。

译文

原壤叉开两条腿坐着等孔子。孔子骂道：『你幼小时候不谦逊不恭敬，长大了又毫无贡献，老了还白吃粮食，真是个害人的家伙。』说完，用拐杖敲了敲他的小腿。

阙党的一个童子来向孔子传信。有人问孔子道：『这小孩是要求上进的人吗？』孔子说：『我见他（大模大样地）坐在位上，又见他同长辈并肩而行。这不是个要求上进的人，只是一个急于求成的人。』

衛靈公篇第十五

○

本篇多是孔子谈个人品性的，虽然多为片言只语，但十分隽永，思想深刻，故历来被广泛引用。现选几句略加分析。

一、“志士仁人，无求生以害仁，有杀身以成仁。”这句话实际突出了“义”的意义。“义”“志士”这些概念原在《论语》中并不多见，后来孟子着力发展了这一层思想，又提出“正气”等概念，由此成为中国传统士大夫的理想追求，对中国文化影响深远。

二、“工欲善其事，必先利其器。”这原是孔子针对子贡问“为仁”而说的，因子贡有骄慢之心，孔子诫以先把自己的本领提高，再去做“为仁”的事。后引申为要做好一件事，先把工具锻造好。这一转义，也是别开生面。

三、“人无远虑，必有近忧。”这句话已成为成语，意思似乎是不言自明。但值得琢磨的是“远虑”和“近忧”怎么会构成一种关系，这恐怕大多数人未必理解。在笔者看来，孔子强调的是人要有由近及远的有序计划，才不致手忙脚乱。

四、“群居终日，言不及义，好行小慧，难矣哉！”这是孔子对某些人的评论，但具体指谁，并不清楚。从字面意思看，应该是指与君子相对的小人。因为“好行小慧”，即好弄小聪明，这是小人的一个基本特点。

五、“有教无类。”这是孔子明确表达的自己的教育思想，反映了孔子以天下为己任的开阔胸襟。孔子能创立有史以来最大的私学，并使自己的学术传播四方，与这种思想是分不开的。

六、“道不同，不相为谋。”孔子发此感慨，与春秋时诸家竞起、主张各异有关，也反映了他是一个坚守原则立场的人。

衛靈公問陳於孔子。孔子對曰。俎豆之事。則嘗聞之矣。軍旅之事。未之學也。明日遂行。在陳絶糧。從者病。莫能興。子路愠見曰。君子亦有窮乎。子曰。君子固窮。小人窮斯濫矣。

原文

01 卫灵公问陈于孔子。孔子对曰：『俎豆之事，则尝闻之矣；军旅之事，未之学也。』明日遂行。

02 在陈绝粮，从者病，莫能兴。子路愠见曰：『君子亦有穷乎？』子曰：『君子固穷，小人穷斯滥矣。』

注释

陈：同『阵』，指布阵打仗。**俎豆之事：**俎和豆都是古代祭祀用的礼器。此引申为祭祀之礼。俎，音zǔ。**兴：**起来。**穷斯滥：**穷困便无所不为。

译文

卫灵公向孔子请教军队布阵之法。孔子答道：『祭祀礼仪方面的事情，我曾经听到过；军队的事情，从来没学习过。』第二天便离开卫国。

孔子在陈国断绝了粮食，跟随的人都饿病了，爬不起床来。子路很不高兴地来见孔子，说道：『君子也有穷得毫无办法的时候吗？』孔子道：『君子虽然穷困，还是坚持着；小人一穷困便无所不为了。』

子曰。賜也。女以予為多學而識之者與。對曰。然。非與。曰。非也。予一以貫之。

子曰。由。知德者鮮矣。

子曰。無為而治者其舜也與。夫何為哉。恭己正南面而已矣。

原文

03 子曰：『赐也，女以予为多学而识之者与？』对曰：『然，非与？』曰：『非也，予一以贯之。』

04 子曰：『由！知德者鲜矣。』

05 子曰：『无为而治者其舜也与！夫何为哉？恭己正南面而已矣。』

注释

一以贯之：意为认定目标坚持到底。**德：**是中国古代重要的哲学概念，各家各派理解不同，儒家主要指的是『仁德』。**无为而治：**这是中国道家主要的思想之一。儒家也提倡，但与道家的理解有较大差异。孔子这里以舜为例，强调的是端正自己，为民表率。

译文

孔子对子贡说：『赐啊！你以为我只是多学而博记吗？』子贡答道：『对呀，难道不是这样吗？』孔子说：『不是的，我是用一个基本观念把它们贯穿起来。』

孔子对子路说：『由啊！懂得「德」的人太少啦！』

孔子说：『能够无所作为而使天下太平的人，大概只有舜吧！他做了什么呢？他只是庄严端正地坐在朝廷的王位上罢了。』

子張問行。子曰。言忠信。行篤敬。雖蠻貊之邦。行矣。言不忠信。行不篤敬。雖州里。行乎哉。立則見其參於前也。在輿則見其倚於衡也。夫然後行。子張書諸紳。

原文

06 子张问行。子曰：『言忠信，行笃敬，虽蛮貊之邦，行矣。言不忠信，行不笃敬，虽州里，行乎哉？立则见其参于前也，在舆则见其倚于衡也，夫然后行。』子张书诸绅。

注释

蛮貊：边远落后的少数民族。貊，音mò。**州里：**指本土本乡。**参：**树立之意。**舆：**所乘车辆。**衡：**车前驾驭的横木。**绅：**带子。

译文

子张问如何才能到处都行得通。孔子道：『言语忠实诚信，行为笃厚恭敬，即使到了别的部族国家，也行得通。言语欺诈无信，行为刻薄轻浮，即使在本乡本土，能行得通吗？站立的时候，就仿佛看见「忠实诚信、笃厚恭敬」的字样直立在面前；在车厢里，也仿佛看见这几个字靠在车前的横木上。这样才能使自己到处行得通。』子张把这些话写在衣服带子上。

子曰。直哉史魚。邦有道。如矢。邦無道。如矢。君子哉蘧伯玉。邦有道。則仕。邦無道。則可卷而懷之。

子曰。可與言而不與之言。失人。不可與言而與之言。失言。知者不失人。亦不失言。

原文

07 子曰：『直哉史鱼！邦有道，如矢；邦无道，如矢。君子哉蘧伯玉！邦有道，则仕；邦无道，则可卷而怀之。』

08 子曰：『可与言而不与之言，失人；不可与言而与之言，失言。知者不失人，亦不失言。』

注释

史鱼：史鰌，字子鱼，卫国大夫。史载有『尸谏』之举，表明为人刚直。**矢：**箭。形容刚直不屈。**卷而怀之：**收敛才华而隐居。**失人：**失去人才。**失言：**浪费言语。

译文

孔子说：『好一个刚直不屈的史鱼！政治清明也像箭一样直，政治黑暗也像箭一样直。好一个君子蘧伯玉！政治清明就出来做官，政治黑暗就把自己的才能收敛起来而隐居。』

孔子说：『可以同他谈论的话，却没有与他谈，这是错失了人才；不可以同他谈论，却同他谈论，这是浪费言语。聪明人既不错过人才，也不浪费言语。』

子曰。志士仁人。無求生以害仁。有殺身以成仁。

子貢問爲仁。子曰。工欲善其事。必先利其器。居是邦也。事其大夫之賢者。友其士之仁者。

原文

09 子曰：『志士仁人，无求生以害仁，有杀身以成仁。』

10 子贡问为仁。子曰：『工欲善其事，必先利其器。居是邦也，事其大夫之贤者，友其士之仁者。』

注释

志士：有志气的正义之士。**工欲善其事，必先利其器：**工匠要做好活儿，必定先磨砺好他的工具。**友：**意为结交。

译文

孔子说：『志士仁人，不贪生怕死以致损害仁德，却勇于牺牲来成全仁德。』子贡问怎样培养仁德。孔子道：『工匠要做好他的工作，一定先要磨砺好他的工具。我们住在一个国家，就要敬奉大夫中的贤人，结交士人中的仁人。』

顏淵問爲邦。子曰。行夏之時。乘殷之輅。服周之冕。樂則韶舞。放鄭聲。遠佞人。鄭聲淫。佞人殆。

11

原文

颜渊问为邦。子曰：『行夏之时，乘殷之辂，服周之冕，乐则韶舞。放郑声，远佞人。郑声淫，佞人殆。』

注释

为邦：治理国家。**行夏之时：**实行夏代的历法。**乘殷之辂：**乘坐商代的车辆。辂，音lù。**服周之冕：**穿戴周代的礼帽。**放郑声：**摒弃郑国的音乐。因郑音淫邪，故孔子有此主张，下文即说明。

译文

颜渊问怎样治理国家。孔子说：『实行夏朝的历法，乘坐殷朝的车子，穿戴周朝的礼帽，音乐就用《韶》和《舞》。摒弃郑国的乐曲，远离奸佞的小人。郑国的乐曲靡丽淫邪，奸佞的小人危险。』

子曰。人無遠慮。必有近憂。

子曰。已矣乎。吾未見好德如好色者也。

子曰。臧文仲其竊位者與。知柳下惠之賢而不與立也。

原文

12 子曰：『人无远虑，必有近忧。』

13 子曰：『已矣乎！吾未见好德如好色者也。』

14 子曰：『臧文仲其窃位者与！知柳下惠之贤而不与立也。』

注释

人无远虑，必有近忧：人如考虑不长远，近期必有忧患之事。**已矣乎：**完了呀。感叹句。**臧文仲：**臧孙辰，鲁国大夫，曾历仕四朝，权力很大。

译文

孔子说：『一个人没有长远的考虑，一定会有眼前的忧患。』

孔子说：『完了吧！我没见过喜欢美德如同喜欢美色一样的人。』

孔子说：『臧文仲大概是个做官而不称职的人，他明知柳下惠贤良，却不给他官位。』

子曰。躬自厚而薄责於人。则远怨矣。

子曰。不曰如之何。如之何者。吾末如之何也已矣。

子曰。群居终日。言不及义。好行小慧。难矣哉。

原文

15 子曰：『躬自厚而薄责于人，则远怨矣。』

16 子曰：『不曰「如之何、如之何」者，吾末如之何也已矣。』

17 子曰：『群居终日，言不及义，好行小慧，难矣哉！』

译文

孔子说：『行事严于律己，却宽容地对待别人，就可以远离别人的怨恨了。』

孔子说：『不说「怎么办、怎么办」的人，对这种人，我也不知道怎么办了。』

孔子说：『整天聚在一起，说话不涉及正经道理，只喜欢卖弄小聪明，这种人很难教导！』

子曰。君子義以爲質。禮以行之。孫以出之。信以成之。君子哉。

子曰。君子病無能焉。不病人之不己知也。

子曰。君子疾没世而名不稱焉。

原文

18 子曰：『君子义以为质，礼以行之，孙以出之，信以成之。君子哉！』

19 子曰：『君子病无能焉，不病人之不己知也。』

20 子曰：『君子疾没世而名不称焉。』

注释

孙：同『逊』，谦逊。**病：**意为担忧、惭愧。**疾没世：**疾，意为痛心。没世，至死。

译文

孔子说：『君子，以道义为本，按礼仪来实行，用谦逊的言语来表达，用诚实的态度来完成。这样才是君子呀！』

孔子说：『君子只担心自己没有能力，不担心别人不知道自己。』

孔子说：『君子担心死后自己的名字不被人称道。』

子曰。君子求諸己。小人求諸人。

子曰。君子矜而不争。羣而不黨。

子曰。君子不以言擧人。不以人廢言。

原文

21 子曰：『君子求诸己，小人求诸人。』

22 子曰：『君子矜而不争，群而不党。』

23 子曰：『君子不以言举人，不以人废言。』

注释

君子求诸己，小人求诸人：君子要求自己，小人要求别人。**矜而不争：**持重而不争执。**群而不党：**合群而不结派。**不以言举人：**不以某人一句话便推举他。**不以人废言：**不以某人品行有问题而连他的好话也鄙弃。

译文

孔子说：『君子要求自己，小人苛求别人。』

孔子说：『君子矜持庄重而不与人争执，合群而不与人结宗派。』

孔子说：『君子不因为一个人说话说得好便推举他，不因为一个人品行有问题而鄙弃他好的言论。』

子貢問曰。有一言而可以終身行之者乎。子曰。其恕乎。己所不欲，勿施於人。

子曰。吾之於人也。誰毀誰譽。如有所譽者。其有所試矣。斯民也。三代之所以直道而行也。

原文

24 子贡问曰：『有一言而可以终身行之者乎？』子曰：『其恕乎！己所不欲，勿施于人。』

25 子曰：『吾之于人也，谁毁谁誉？如有所誉者，其有所试矣。斯民也，三代之所以直道而行也。』

注释

恕：宽恕。『忠恕』往往连称。此为儒家倡导的一种美德。**谁毁谁誉：**『毁谁誉谁』的倒装。**试：**考验。

译文

子贡问道：『有没有一句话可以终身奉行的呢？』孔子说：『大概是「恕」吧！自己不想要的，就不要强加给别人。』

孔子说：『我对于别人，诋毁了谁？称赞了谁？假若我有所称赞，必然是曾经考验过他的。夏、商、周三代的人都如此，所以三代能直道而行。』

子曰。吾犹及史之阙文也。有马者借人乘之。今亡矣夫。

子曰。巧言乱德。小不忍。则乱大谋。

原文

26 子曰：『吾犹及史之阙文也。有马者借人乘之，今亡矣夫！』

27 子曰：『巧言乱德。小不忍，则乱大谋。』

注释

阙文：缺失存疑之文。**小不忍，则乱大谋**：小事不忍让，必破坏大谋略。

译文

孔子说：『我还能够看到史书中存疑缺失的地方。有马的人（自己不会调教，）先给别人使用，这种精神今天也没有了吧！』

孔子说：『花言巧语会败坏道德。小事情不忍让，便会败坏大谋略。』

子曰。衆惡之。必察焉。衆好之。必察焉。

子曰。人能弘道。非道弘人。

子曰。過而不改。是謂過矣。

原文

28 子曰：『众恶之，必察焉；众好之，必察焉。』

29 子曰：『人能弘道，非道弘人。』

30 子曰：『过而不改，是谓过矣。』

注释

察：考察、辨别。**人能弘道，非道弘人**：人能使道廓大，并非道使人廓大。**过而不改，是谓过矣**：有过错而不改，那是真正的过错。

译文

孔子说：『大家都厌恶他，一定要去考察；大家都喜爱他，也一定要去考察。』

孔子说：『人能够把道发扬光大，而不是道把人发扬光大。』

孔子说：『有了过错而不改正，这就真叫过错了。』

子曰。吾嘗終日不食。終夜不寢。以思。無益。不如學也。

子曰。君子謀道不謀食。耕也。餒在其中矣。學也。祿在其中矣。君子憂道不憂貧。

原文

31 子曰：『吾尝终日不食，终夜不寝，以思；无益，不如学也。』

32 子曰：『君子谋道不谋食。耕也，馁在其中矣；学也，禄在其中矣。君子忧道不忧贫。』

注释

思：思考，与『学』相对。**谋道不谋食：**致力于道，而不是致力于生计。下文『忧道不忧贫』之意与此相同。**馁：**音něi，饥饿。

译文

孔子说：『我曾经整天不吃，整晚不睡，去思考，没有益处，不如去学习。』

孔子说：『君子致力于道义，而不是致力于衣食。耕作，常常会有饥饿；学习，往往得到俸禄。君子担忧是否能学到道义，不担忧生活贫穷。』

子曰。知及之。仁不能守之。雖得之。必失之。知及之。仁能守之。不莊以涖之。則民不敬。知及之。仁能守之。莊以涖之。動之不以禮。未善也。

原文

33 子曰：『知及之，仁不能守之，虽得之，必失之；知及之，仁能守之，不庄以莅之，则民不敬；知及之，仁能守之，庄以莅之，动之不以礼，未善也。』

注释

知：同『智』。**庄以莅之：**即『莅之以庄』，意为以庄重的态度在位尽心履职。

译文

孔子说：『聪明才智足以得到它，但如果不能以仁德守住它，即使得到了，也一定会丧失；聪明才智足以得到它，也能以仁德保持它，但不能用庄重的态度尽心履职，那么民众也不会认真对待；聪明才智足以得到它，也能以仁德保持它，又能用严肃的态度来行使职权，但不能按照礼法来动员百姓，还是不完善的。』

子曰。君子不可小知而可大受也。小人不可大受而可小知也。

子曰。民之於仁也。甚於水火。水火。吾見蹈而死者矣。未見蹈仁而死者也。

原文

34 子曰：『君子不可小知而可大受也，小人不可大受而可小知也。』

35 子曰：『民之于仁也，甚于水火。水火，吾见蹈而死者矣，未见蹈仁而死者也。』

注释

小知：小知识，意为小事情。**大受：**大任务。**甚于水火：**比水火更重要。

译文

孔子道：『君子不可以用小事考验他，却可以接受重任；小人不可以接受重大任务，却可以用小事考验他。』

孔子说：『民众需要仁德，比水火更重要。水和火，我看见有人往里去而死的，却没有见过有为践履仁德而死的。』

子曰。當仁。不讓於師。

子曰。君子貞而不諒。

子曰。事君。敬其事而後其食。

原文

36 子曰：『当仁，不让于师。』

37 子曰：『君子贞而不谅。』

38 子曰：『事君，敬其事而后其食。』

注释

当仁：面对仁德。**贞而不谅：**意为讲大信而不讲小信。贞，意为言行一致。谅，意为固执。**食：**食禄。

译文

孔子说：『面对仁德践行的机会，对老师也不必谦让。』

孔子说：『君子讲大信，却不拘泥于小信。』

孔子说：『对待君上，先认真做事，把获取俸禄的事放在后面。』

子曰。有教無類。

子曰。道不同。不相為謀。

子曰。辭達而已矣。

原文

39 子曰："有教无类。"

40 子曰："道不同，不相为谋。"

41 子曰："辞达而已矣。"

注释

有教无类：不分差别予以教育。这反映了孔子重要的教育思想。**谋：**指商议、谋事。**辞达而已矣：**文辞在于达意罢了。

译文

孔子说："人人都教育，没有高、低、贵、贱的等级差别。"

孔子说："志向主张不同，就不在一起谋划共事。"

孔子说："言辞，足以达意就可以了。"

師冕見。及階。子曰。階也。及席。子曰。席也。皆坐。子告之曰。某在斯。某在斯。師冕出。子張問曰。與師言之道與。子曰。然。固相師之道也。

原文

42 师冕见。及阶，子曰：『阶也。』及席，子曰：『席也。』皆坐，子告之曰：『某在斯，某在斯。』师冕出。子张问曰：『与师言之道与？』子曰：『然，固相师之道也。』

注释

师冕：师，乐师。冕，人名。

相师：帮助乐师。

译文

师冕来见孔子，走到台阶边，孔子说：『这是台阶啊。』走到座席旁，孔子说：『这是座席啊。』大家都坐定了，孔子又告诉他说：『某人在这里，某人在这里。』师冕辞别后。子张问道：『这是同盲人乐师讲话的方式吗？』孔子说：『是的，这本来就是帮助盲人乐师的方式。』

季氏篇第十六

○

本篇的前两段，比较鲜明地反映了孔子的政治学说：一是主张社会公平，因此强调“不患寡而患不均，不患贫而患不安”；二是维护周代封建制秩序，认为这才是“天下有道”的表现。对孔子的这些思想，学术界多有研究和争论，有谓是进步的，有谓是落后的，此不细说。

一般读者更感兴趣的，是孔子在本篇中所谈的交友之道、君子作为等等。如交友要知道有益友有损友，想做君子要明白有三戒三畏。这些言论十分精辟，细细品读，至今仍有很大的人生指导意义。

而笔者觉得第十三段也非常有趣。该则记载了陈亢与孔子的儿子孔鲤（字伯鱼）的对话。陈亢见孔子与儿子在庭中悄悄说话，以为孔子是在给儿子开小灶，结果问了两次，发觉孔子只是问儿子有没有学《诗》和《礼》，并说“不学《诗》，无以言”“不学《礼》，无以立”，仅此而已。陈亢于是喜不自胜地说：“问一得三。”即一是知道了《诗》的重要，二是知道了《礼》的重要，三是知道了君子原来是与儿子保持距离的。这段记载，人物形象跃然纸上，而且也很有深意。特别是“君子之远其子”，与古时流行的“易子而教”有密切联系，孟子后来专门对此做了解释。

季氏將伐顓臾。冉有。季路見於孔子曰。季氏

將有事於顓臾。

孔子曰。求。無乃爾是過與。夫顓臾。昔者先王

以爲東蒙主。且在邦域之中矣。是社稷之臣

也。何以伐爲。

原文

01

季氏将伐颛臾。冉有、季路见于孔子曰：『季氏将有事于颛臾。』

孔子曰：『求！无乃尔是过与？夫颛臾，昔者先王以为东蒙主，且在邦域之中矣，是社稷之臣也。何以伐为？』

注释

颛臾：音zhuān yú，小国，为鲁国之附庸，在今山东省费县一带。**有事**：用兵。事，古代多指祭祀与战争。**尔是过**：『过尔是』的倒装，意为责备你这件事。**东蒙**：蒙山，地名。

译文

季氏准备攻打颛臾。冉有、子路两人谒见孔子，说道：『季氏准备对颛臾用兵了。』孔子说：『冉求！这难道不应该责备你吗？颛臾，以前先王曾经授权其主持东蒙山的祭祀，而且它的国境早在我们鲁国最初被封时的疆域之中，已是国家的臣属，为什么要去攻打它呢？』

冉有曰。夫子欲之。吾二臣者皆不欲也。孔子曰。求。周任有言曰。陳力就列。不能者止。危而不持。顛而不扶。則將焉用彼相矣。且爾言過矣。虎兕出於柙。龜玉毀於櫝中。是誰之過與。

原文

冉有曰：『夫子欲之，吾二臣者皆不欲也。』

孔子曰：『求！周任有言曰：「陈力就列，不能者止。」危而不持，颠而不扶，则将焉用彼相矣？且尔言过矣，虎兕出于柙，龟玉毁于椟中，是谁之过与？』

注释

周任：周代的一位史官。**陈力**：意为贡献力量。**列**：出仕。**止**：指辞职。**虎兕出于柙，龟玉毁于椟中**：老虎犀牛逃出笼子，龟壳美玉毁于匣中。意指珍宝被毁。兕，音sì，犀牛。柙，音xiá，笼子。

译文

冉有说：『季孙想去攻打，我们两人本来都是不同意的。』

孔子道：『冉求！周任有句话说：「能够贡献自己力量的，就去任职；如果不能胜任，就该辞职。」遇到危险却不去扶持，将要摔倒了不去搀扶，那又何必用辅相呢？你的话说错了。老虎、犀牛从笼子里逃了出来，龟壳和美玉在匣子里毁坏了，这是谁的责任呢？』

冉有曰。今夫顓臾。固而近於費。今不取。後世必為子孫憂。

孔子曰。求。君子疾夫舍曰欲之而必為之辭。丘也聞有國有家者。不患寡而患不均。不患貧而患不安。蓋均無貧。和無寡。安無傾。

原文

冉有曰：『今夫颛臾，固而近于费。今不取，后世必为子孙忧。』

孔子曰：『求！君子疾夫舍曰欲之而必为之辞。丘也闻有国有家者，不患寡而患不均，不患贫而患不安。盖均无贫，和无寡，安无倾。

注释

费：鲁国大夫季氏的采邑。**舍曰欲之：**不说自己想要。**均：**谓各得其分。**安：**谓上下相安。

译文

冉有说：『颛臾，城墙坚牢，而且离季氏的采邑费地很近。现在不攻占它，日子久了，一定会成为子孙的祸害。』

孔子说：『冉求！君子就痛恨那些不说自己真正想法而另找借口的态度。我听说过：无论是诸侯或者大夫，不担心财富不多，只是担心财富分配不均；不担忧人民太少，而只担忧境内不安定。若是财富分配均衡，便无所谓贫穷；和睦团结就不觉得人口少；境内安定，便不会倾危。

夫如是。故遠人不服。則脩文德以來之。既來之。則安之。今由與求也。相夫子。遠人不服。而不能來也。邦分崩離析。而不能守也。而謀動干戈於邦內。吾恐季孫之憂。不在顓臾。而在蕭牆之內也。

原文

夫如是，故远人不服，则修文德以来之。既来之，则安之。今由与求也，相夫子，远人不服，而不能来也；邦分崩离析，而不能守也；而谋动干戈于邦内。吾恐季孙之忧，不在颛臾，而在萧墙之内也。』

注释

萧墙：指古代宫室内作为屏障的矮墙，引申为内部。

译文

做到这些，远方之人还不归服，便再修仁义礼乐的政教来招致他们。他们来了，就让他们安心。如今仲由和冉求两人辅相季孙，远方的人不归服，也不能招致他们；国家支离破碎，也不能保全守住；反而谋划在国内动用武力。我恐怕季孙的忧愁不在颛臾，而在国君宫室的内部啊。』

孔子曰。天下有道。則禮樂征伐自天子出。天下無道。則禮樂征伐自諸侯出。自諸侯出蓋十世希不失矣。自大夫出。五世希不失矣。陪臣執國命。三世希不失矣。天下有道。則政不在大夫。天下有道。則庶人不議。

原文

02

孔子曰：『天下有道，则礼乐征伐自天子出；天下无道，则礼乐征伐自诸侯出。自诸侯出，盖十世希不失矣；自大夫出，五世希不失矣；陪臣执国命，三世希不失矣。天下有道，则政不在大夫；天下有道，则庶人不议。』

注释

希：同『稀』，很少。**陪臣**：指大夫的家臣。**国命**：国家的命运。**庶人**：百姓。此指无官位者。

译文

孔子说：『天下政治清明，制礼作乐以及出兵征伐都决定于天子；天下政治昏乱，制礼作乐以及出兵征伐便决定于诸侯。决定于诸侯，大概延续到十代就很少有不丧失的；决定于大夫，延续五代后就很少还能继续的；若是大夫的家臣把持国家政权，传到三代很少还能继续的。天下政治清明，国家的政治权力就不会掌握在大夫之手；天下政治清明，普通百姓就不会议论纷纷。』

孔子曰。禄之去公室五世矣。政逮於大夫四世矣。故夫三桓之子孙微矣。

孔子曰。益者三友。损者三友。友直。友谅。友多闻。益矣。友便辟。友善柔。友便佞。损矣。

原文

03 孔子曰：『禄之去公室五世矣，政逮于大夫四世矣，故夫三桓之子孙微矣。』

04 孔子曰：『益者三友，损者三友。友直，友谅，友多闻，益矣；友便辟，友善柔，友便佞，损矣。』

译文

孔子说：『鲁国的政权离开鲁君已经五代了，政权落到了大夫之手亦已经四代了，所以鲁桓公的三房子孙现在也衰微了。』

孔子说：『有益的朋友有三种，有害的朋友有三种。同正直的人交友，同信实的人交友，同见闻广博的人交友，是有益的；同谄媚奉承的人交友，同当面恭维而背后毁谤的人交友，同夸夸其谈的人交友，是有害的。』

注释

禄之去公室：国命离开国君。禄，此指国家命运。公室，此指鲁君。**便辟：**曲意奉承。**善柔：**表面恭顺而无信。

孔子曰。益者三樂。損者三樂。樂節禮樂。樂道人之善。樂多賢友。益矣。樂驕樂。樂佚游。樂宴樂。損矣。

原文

05

孔子曰：『益者三乐，损者三乐。乐节礼乐，乐道人之善，乐多贤友，益矣。乐骄乐，乐佚游，乐宴乐，损矣。』

注释

佚游：放荡游乐。

译文

孔子说：『有益的快乐有三种，有害的快乐有三种。以得到礼乐的调节为快乐，以宣扬别人的好处为快乐，以交了不少贤良的朋友为快乐，是有益的。以骄纵享乐为快乐，以放荡游乐为快乐，以饮食奢靡为快乐，便是有害的。』

孔子曰。侍於君子有三愆。言未及之而言謂之躁。言及之而不言謂之隱。未見顔色而言謂之瞽。

原文

06

孔子曰：『侍于君子有三愆：言未及之而言谓之躁，言及之而不言谓之隐，未见颜色而言谓之瞽。』

注释

愆：音qiān，过失。**躁**：急躁。**隐**：隐瞒。

译文

孔子说：『陪着君子说话容易犯三种过失：没轮到他说话却先说，叫作急躁；该说话了却不说，叫作隐瞒；说话不懂得察言观色便贸然开口，这是没有眼力见（盲目）。』

孔子曰。君子有三戒。少之時。血氣未定。戒之在色。及其壯也。血氣方剛。戒之在鬬。及其老也。血氣既衰。戒之在得。

原文

07

孔子曰：『君子有三戒：少之时，血气未定，戒之在色；及其壮也，血气方刚，戒之在斗；及其老也，血气既衰，戒之在得。』

注释

少：指年轻。**得**：意为贪求。

译文

孔子说：『君子有三件事情应该警惕戒备：年少的时候，血气未定，要警戒迷恋女色；到壮年时，血气正旺盛，要警戒争强好斗；等到年老了，血气已经衰弱，便要警戒贪求无厌。』

孔子曰。君子有三畏。畏天命。畏大人。畏聖人之言。小人不知天命而不畏也。狎大人。侮聖人之言。

孔子曰。生而知之者上也。學而知之者次也。困而學之。又其次也。困而不學。民斯為下矣。

原文

08 孔子曰：『君子有三畏：畏天命，畏大人，畏圣人之言。小人不知天命而不畏也，狎大人，侮圣人之言。』

09 孔子曰：『生而知之者上也；学而知之者次也；困而学之，又其次也；困而不学，民斯为下矣。』

注释

大人： 指在高位的人。孔子遵礼制，认为尊重大人便是尊重礼制。**狎：** 音xiá，原意为亲昵，引申为轻视。**困而学之：** 遇到困难而学习。

译文

孔子说：『君子敬畏的有三件事：敬畏天命，敬畏王公大人，敬畏圣人的言论。小人不懂得天命不可违抗，因而不敬畏它，轻视王公大人，侮慢圣人的言论。』

孔子说：『生来就知道的是上等；经过学习后才知道的是次一等；遇到困难再去学习的是再次一等；遇见困难仍不学，这种人就是最下等的了。』

孔子曰。君子有九思。視思明。聽思聰。色思温。貌思恭。言思忠。事思敬。疑思問。忿思難。見得思義。

原文

10

孔子曰：『君子有九思：视思明，听思聪，色思温，貌思恭，言思忠，事思敬，疑思问，忿思难，见得思义。』

注释

忿思难：忿恨之时考虑后患。**见得思义：**见到可得的，要考虑是否该得。

译文

孔子说：『君子有九种考虑：看的时候思考看明白了没有；听的时候思考听清楚了没有；待人接物时想想脸色是否温和；自己的容貌态度是否庄矜；说话的时候想想是否忠实；对待工作的时候想想是否严肃认真；遇到疑问时想想怎样向人家请教；气愤发怒时想想有什么后患；看见可得的好处，想想是否应该获取。』

孔子曰。見善如不及。見不善如探湯。吾見其人矣。吾聞其語矣。隱居以求其志。行義以達其道。吾聞其語矣。未見其人也。

11

原文

孔子曰：『见善如不及，见不善如探汤。吾见其人矣，吾闻其语矣。隐居以求其志，行义以达其道。吾闻其语矣，未见其人也。』

注释

如不及：唯恐不及，意为要努力赶上。**如探汤：**如伸手到沸水中，意为避之唯恐不及。

译文

孔子说：『看见善义努力追求，好像赶不上似的；遇见邪恶，使劲避开，好像将手伸到沸水中那样快速避开。我见过这样的人，也听过这样的话。避世隐居以求保全自己的志向，依义而行来贯彻自己的主张。我听过这样的话，却没有见过这样的人。』

齊景公有馬千駟。死之日。民無德而稱焉。伯夷叔齊餓於首陽之下。民到於今稱之。其斯之謂與。

原文

12『齐景公有马千驷，死之日，民无德而称焉。伯夷叔齐饿于首阳之下，民到于今称之。其斯之谓与？』

注释

首阳：首阳山，地名。**其斯之谓与：**那就是这个意思吧。指上文齐景公与伯夷叔齐形成的对照。

译文

孔子说：『齐景公有四千匹马，他死了以后，谁都不觉得他有什么好德行值得称颂的。伯夷、叔齐两人饿死在首阳山下，大家到现在还称颂他们。那就是这个意思吧！』

陳亢問於伯魚曰。子亦有異聞乎。
對曰。未也。嘗獨立。鯉趨而過庭。曰。學詩乎。
對曰。未也。不學詩。無以言。鯉退而學詩。他日又
獨立。鯉趨而過庭。曰。學禮乎。對曰。未也。不
學禮。無以立。鯉退而學禮。聞斯二者。
陳亢退而喜曰。問一得三。聞詩。聞禮。又聞

君子之远其子也。

原文

13 陈亢问于伯鱼曰：『子亦有异闻乎？』对曰：『未也。尝独立，鲤趋而过庭。曰：「学诗乎？」对曰：「未也。」「不学诗，无以言。」鲤退而学诗。他日，又独立，鲤趋而过庭。曰：「学礼乎？」对曰：「未也。」「不学礼，无以立。」鲤退而学礼。闻斯二者。』陈亢退而喜曰：『问一得三，闻诗，闻礼，又闻君子之远其子也。』

注释

陈亢： 即陈子禽。亢，音gāng。

伯鱼： 即孔鲤，孔子的儿子。

异闻： 别样的听闻，意为额外的传授。

译文

陈亢向伯鱼问道：『您在老师那里有得到与众不同的教诲吗？』伯鱼答道：『没有。他曾经一个人站在庭中，我恭敬地走过。他问我道：「学《诗》没有？」我说：「没有。」他便道：「不学《诗》就不会说话。」我退回后便学《诗》。过了几天，他又一个人站在庭中，我又恭敬地走过。他问道：「学《礼》没有？」我答：「没有。」他说：「不学《礼》，便没法立足于社会。」我退回便学《礼》。我只听到过这两次教诲。』陈亢回去非常高兴地说：『我问一件事，知道了三件事：知道要学《诗》，知道要学《礼》，又知道君子并不偏私自己的儿子。』

邦君之妻。君稱之曰夫人。夫人自稱曰小童。邦人稱之曰君夫人。稱諸異邦曰寡小君。異邦人稱之亦曰君夫人。

原文

14

邦君之妻，君称之曰夫人，夫人自称曰小童；邦人称之曰君夫人，称诸异邦曰寡小君；异邦人称之亦曰君夫人。

注释

邦君：诸侯国的国君。

译文

国君的妻子，国君称她为夫人，她自称为小童；国内的人称她为君夫人，但在其他国家的人面前称她为寡小君；别的国家的人也称她为君夫人。

陽貨篇第十七

本篇中所载孔子的言论十分精彩，难以一一尽说，现择几则，略谈心得：

一、“性相近也，习相远也。”这句话原有可能是孔子在教学过程中所发的感叹。孔子认为人的“性”（天然本性）本来差不多，但因后天的环境影响而造成了差距。后来这句话成为儒家“性善论”的经典依据，并在中国思想史上产生了重大影响。其实在这句话的原义中，我们还看不到孔子主张“性善”的影子，那是经过子思学派发展出来的。

二、“唯上知与下愚不移。”这句话从字面上看，孔子是强调人的智商才质有天然差异的。孔子在《季氏》篇中也谈到有“生而知之”“学而知之”“困而知之”三种不同的情况。所以对上文所说的“性相近”，就不能做过度的解读了。

三、“恭、宽、信、敏、惠。恭则不侮，宽则得众，信则人任焉，敏则有功，惠则足以使人。”这里孔子提出了做人的五种美德，并自己做了解释，可以说意思十分显明了。只是其中的“信”又列在“五常”中，看似有点矛盾。以笔者的理解，“五常”中的“信”是“信誉”的意思，多指朋友之交的相处关系；这里的“信”，是“诚信”的意思，是指一个人自我内心要保持诚意。所以到了子思学派，“诚意”的概念就发展出来了，到了宋代理学时，更得到特别的重视。

四、“乡愿，德之贼。”孔子重仁重礼，尤重中庸之道，故常有人把孔子学说理解为折中主义。其实孔子是非常有原则的，且一旦认定了方向，明知不可为而偏为之。所以他对“乡愿”（意为好好先生）是深恶痛绝的，才有如此之语。

五、“巧言令色，鲜矣仁。”孔子在《里仁》篇中有一句话“君子讷于言而敏于行”，可与这句话互证。在孔子看来，仁厚之人大多寡言少语，而重在行动上；相反，夸夸其谈、巧舌如簧的人，大多没有仁心。所以他对最欣赏的颜回有“似愚”的评价，他自己在乡党面前也是“似不能言”。

六、“唯女子与小人为难养也，近之则不孙，远之则怨。”这句话历来最遭争议，尤其为现代女权主义者所愤恨。不过，结合历史与现实，孔子的这句话未必没有一定道理。从性格角度看，女性的心胸一般没有男性开阔，为人处世过多注重细节。因此，我们不能简单地说孔子对女性抱有歧视态度。合理的解释是：孔子比较真切地看到了性别的差异化。

陽貨欲見孔子。孔子不見。歸孔子豚。
孔子時其亡也。而往拜之。遇諸塗。
謂孔子曰。來。予與爾言。曰。懷其寶而迷其邦。
可謂仁乎。曰。不可。好從事而亟失時。可謂知
乎。曰。不可。日月逝矣。歲不我與。
孔子曰。諾。吾將仕矣。

原文

01 阳货欲见孔子，孔子不见，归孔子豚。孔子时其亡也，而往拜之。遇诸涂。谓孔子曰：『来！予与尔言。』曰：『怀其宝而迷其邦，可谓仁乎？』曰：『不可——好从事而亟失时，可谓知乎？』曰：『不可——日月逝矣，岁不我与。』孔子曰：『诺！吾将仕矣。』

译文

阳货想要孔子来拜会他，孔子不去，他便送孔子一只熟了的小猪，（使孔子到他家来道谢）。

孔子探听他不在家的时候，前往去拜谢。两人却在途中相遇。阳货叫着孔子道：『来！我同你说话。』（孔子走了过去。）他又道：『身怀本领，却听任国家迷失方向，可以称作仁吗？』（孔子没吭声。）他便自己接口道：『不可以——一个人喜欢做事，却屡屡错过机会，可以叫作聪明吗？』（孔子仍然没吭声。）他又自己接口道：『不可以——时光一去，就不再回来了呀！』孔子这才说道：『好吧！我打算做官了。』

注释

阳货：又名阳虎，季氏的家臣，把持季氏的权柄。**归：**同『馈』，赠送。**豚：**此指熟的小猪。**时其亡：**等他不在家的时候。**涂：**通『途』。**曰：**自此以下的几个『曰』都是阳货的自问自答。**亟：**音qì，多次。

子曰。性相近也。习相远也。

子曰。唯上知与下愚不移。

原文

02 子曰：『性相近也，习相远也。』

03 子曰：『唯上知与下愚不移。』

注释

性：先天的本性。这个概念后来成为儒家重要的哲学思想之一。**习：**后天养成的习惯。**上知与下愚：**上等的智者与下等的愚人。

译文

孔子说：『人的天性本来相近，因为后天习染不同，便相距远了。』

孔子说：『只有上等的智者和下等的愚人是改变不了的。』

子之武城。聞弦歌之聲。夫子莞爾而笑曰。割鷄焉用牛刀。子游對曰。昔者偃也聞諸夫子曰。君子學道則愛人。小人學道則易使也。子曰。二三子。偃之言是也。前言戲之耳。

原文

04

子之武城，闻弦歌之声。夫子莞尔而笑，曰：『割鸡焉用牛刀？』

子游对曰：『昔者偃也闻诸夫子曰：「君子学道则爱人，小人学道则易使也。」』

子曰：『二三子！偃之言是也。前言戏之耳。』

注释

武城：地名。**莞尔：**微笑的样子。

戏：玩笑，作动词。

译文

孔子到了（子游做长官的）武城，听到弹琴瑟唱诗歌的声音。

孔子微微笑着，说道：『宰鸡何必用宰牛的刀？』

子游答道：『以前我听老师说过：「做官的人学习了道就会爱人；老百姓学习了道就容易听使唤。」』孔子说：『学生们！言偃的这话是正确的。我前面那句话不过同他开玩笑罢了。』

公山弗擾以費畔。召。子欲往。

子路不說。曰。末之也。已。何必公山氏之之也。

子曰。夫召我者。而豈徒哉。如有用我者。吾其

為東周乎。

原文

05

公山弗扰以费畔，召，子欲往。

子路不说，曰：『末之也，已，何必公山氏之之也？』

子曰：『夫召我者，而岂徒哉？如有用我者，吾其为东周乎？』

注释

公山弗扰：人名，季氏家臣。**畔**：同『叛』，叛乱。**末之也，已**：没有去处，那便罢了。**何必公山氏之之也**：是『何必之公山氏也』的倒装。意为何必到公山氏那里去呢。**而岂徒哉**：『而岂徒召我哉』之略写。**东周**：意为复兴周道于东方。

译文

公山弗扰盘踞在费邑图谋造反，召孔子去，孔子准备去。

子路很不高兴，说：『没有地方去便算了，为什么一定要去公山氏那里呢？』

孔子说：『那个召我去的人，岂会让我白去一趟吗？假若有人用我，我将使文王、武王之道在东方复兴。』

子張問仁於孔子。孔子曰。能行五者於天下為仁矣。請問之。曰。恭。寬。信。敏。惠。恭則不侮。寬則得衆。信則人任焉。敏則有功。惠則足以使人。

原文

06

子张问仁于孔子。孔子曰：『能行五者于天下为仁矣。』『请问之。』曰：『恭、宽、信、敏、惠。恭则不侮，宽则得众，信则人任焉，敏则有功，惠则足以使人。』

注释

恭、宽、信、敏、惠：恭，庄重；宽，宽厚；信，诚信；敏，勤奋；惠，慈惠。这是儒家倡导的五种美德。**人任：**为人所用。

译文

子张向孔子问仁。孔子说：『能够处处实行五种品德，便是仁人了。』子张问：『请问哪五种？』孔子道：『庄重、宽厚、诚信、勤敏、慈惠。庄重就不致遭受侮辱，宽厚就会得到大众的拥护，诚信就会得到别人的任用，勤敏就会工作高效有功绩，慈惠就能够使唤人。』

佛肸召。子欲往。

子路曰。昔者由也聞諸夫子曰。親於其身爲不善者。君子不入也。佛肸以中牟畔。子之往也。如之何。子曰。然。有是言也。不曰堅乎。磨而不磷。不曰白乎。涅而不緇。吾豈匏瓜也哉。焉能繫而不食。

原文

07 佛肸召，子欲往。子路曰：『昔者由也闻诸夫子曰：「亲于其身为不善者，君子不入也。」佛肸以中牟畔，子之往也，如之何？』子曰：『然，有是言也。不曰坚乎，磨而不磷；不曰白乎，涅而不缁。吾岂匏瓜也哉？焉能系而不食？』

译文

佛肸召孔子，孔子打算前往。子路说：『从前我听老师说过：「亲自做坏事的人，君子是不去的。」如今佛肸盘踞中牟谋反，您却要去，怎么说得过去呢？』孔子说：『对，我说过这话。但是，你不知道吗？最坚固的东西，磨也磨不薄；最白的东西，染也染不黑。我难道是匏瓜吗？哪里只能被悬挂而不给人食用呢？』

注释

佛肸：音bì xī，人名，晋国大夫范中行的家臣，时为中牟的长官。**亲于其身：**即亲身、亲自。**中牟：**春秋时晋国的城邑。**不曰坚乎，磨而不磷：**没听说坚固的东西磨也磨不薄吗？磷，音lìn，薄。**不曰白乎，涅而不缁：**没听说最白的东西染也染不黑吗？涅，音niè，一种矿物。**匏瓜：**葫芦。匏，音páo。

子曰。由也。女聞六言六蔽矣乎。對曰。未也。

居。吾語女。好仁不好學。其蔽也愚。好知不好

學。其蔽也蕩。好信不好學。其蔽也賊。好直

不好學。其蔽也絞。好勇不好學。其蔽也亂。

好剛不好學。其蔽也狂。

原文

08
子曰：『由也！女闻六言六蔽矣乎？』对曰：『未也。』『居！吾语女。好仁不好学，其蔽也愚；好知不好学，其蔽也荡；好信不好学，其蔽也贼；好直不好学，其蔽也绞；好勇不好学，其蔽也乱；好刚不好学，其蔽也狂。』

注释

六言六蔽：六言，即六德，下文所列的『仁、知、信、直、勇、刚』。六蔽，六种弊病。**居：**此为坐。**荡：**无所适守。**贼：**反害自身。**绞：**尖酸刻薄。

译文

孔子说：『仲由啊！你听过有六种品德便会有六种弊病吗？』子路答道：『没有。』孔子道：『坐下！我告诉你。爱仁德，却不爱学习，那种弊病就是愚蠢；爱聪明，却不爱学习，那种弊病就是放荡不羁；爱诚实，却不爱学习，那种弊病就是反害自身；爱直率，却不爱学习，那种弊病就是尖酸刻薄；爱勇敢，却不爱学习，那种弊病就是捣乱闯祸；爱刚强，却不爱学习，那种弊病就是胆大妄为。』

子曰。小子何莫學夫詩。詩。可以興。可以觀。可以羣。可以怨。邇之事父。遠之事君。多識於鳥獸草木之名。

原文

09 子曰：『小子何莫学夫诗？诗，可以兴，可以观，可以群，可以怨。迩之事父，远之事君；多识于鸟兽草木之名。』

注释

兴：激发心志。**观**：考察得失。**群**：合群。**怨**：讽刺。**迩**：近。

译文

孔子说：『学生们为什么没有人研究《诗》？读《诗》，可以激发心志，可以提高观察力，可以培养合群性，可以学得讽刺方法。近呢，可以运用其中道理来侍奉父母；远呢，可以用来侍奉君上；还可以多认识鸟兽草木的名称。』

子謂伯魚曰。女爲周南召南矣乎。人而不爲周南召南。其猶正墻面而立也與。

子曰。禮云禮云。玉帛云乎哉。樂云樂云。鐘鼓云乎哉。

原文

10 子谓伯鱼曰：『女周南、召南矣乎？人而不为周南、召南，其犹正墙面而立也与！』

11 子曰：『礼云礼云，玉帛云乎哉？乐云乐云，钟鼓云乎哉？』

注释

周南、召南：《诗经·国风》中的两篇。**玉帛：**玉与帛，古代常用的礼物。**钟鼓：**钟与鼓，古代常用的礼器。

译文

孔子对伯鱼说：『你研究过《周南》和《召南》了吗？人假若不研究《周南》和《召南》，那就像对着墙壁而站着吧！』

孔子说：『礼呀礼呀，那仅仅说的是玉帛等礼物吗？乐呀乐呀，那仅仅说的是钟鼓等乐器吗？』

子曰。色厲而内荏。辟諸小人。其猶穿窬之盜也與。

子曰。鄉愿。德之賊也。

子曰。道聽而塗説。德之棄也。

原文

12 子曰：『色厉而内荏，譬诸小人，其犹穿窬之盗也与！』

13 子曰：『乡愿，德之贼也。』

14 子曰：『道听而涂说，德之弃也。』

注释

荏：怯懦。**窬**：同『逾』，翻墙。

乡愿：无原则的好好先生。**弃**：摒弃。

译文

孔子说：『脸色严厉，内心怯弱，若用坏人做比喻，怕像个挖洞跳墙的盗贼吧！』

孔子说：『没有是非感的好好先生是足以败坏道德的小人。』

孔子说：『听到路边传言就四处传播，这是背弃道德的行为。』

子曰。鄙夫可與事君也與哉。其未得之也。患不得之。既得之。患失之。苟患失之。無所不至矣。

原文

15 子曰：『鄙夫可与事君也与哉？其未得之也，患不得之。既得之，患失之。苟患失之，无所不至矣。』

注释

鄙夫：鄙陋之人。**无所不至：**意为无所不用其极。

译文

孔子说：『鄙夫，难道可以让他侍奉君主吗？当他没有得到职位的时候，生怕得不到，已经得到了，又怕失去。假若生怕失去，就会没有什么事做不出来的。』

子曰。古者民有三疾。今也或是之亡也。古之狂也肆。今之狂也蕩。古之矜也廉。今之矜也忿戾。古之愚也直。今之愚也詐而已矣。

原文

16 子曰：『古者民有三疾，今也或是之亡也。古之狂也肆，今之狂也荡；古之矜也廉，今之矜也忿戾；古之愚也直，今之愚也诈而已矣。』

注释

肆：任性。**忿戾：**忿恨乖戾。

译文

孔子说：『古代的人还有三种毛病，现在或许这些毛病都没有了。古代的狂人轻率肆意，现在的狂人却是放荡不羁；古代骄矜的人不过是难以接近，现在骄矜的人却只是一味地蛮横暴戾；古代的愚人还憨直，现在的愚人却只是欺诈罢了。』

子曰。巧言令色。鲜矣仁。

子曰。恶紫之夺朱也。恶郑声之乱雅乐也。恶利口之覆邦家者。

原文

17 子曰：『巧言令色，鲜矣仁。』

18 子曰：『恶紫之夺朱也，恶郑声之乱雅乐也，恶利口之覆邦家者。』

注释

恶：厌恶。**覆：**倾覆。

译文

孔子说：『花言巧语，装出一副和善面孔，这种人很少是仁德的。』

孔子说：『厌恶紫色夺去了红色的光彩，厌恶郑国的乐曲淆乱了典雅正统的乐曲，厌恶犟嘴利舌颠覆国家的人。』

子曰。予欲無言。子貢曰。子如不言。則小子何述焉。子曰。天何言哉。四時行焉。百物生焉。天何言哉。

孺悲欲見孔子。孔子辭以疾。將命者出户。取瑟而歌。使之聞之。

原文

19 子曰：『予欲无言。』子贡曰：『子如不言，则小子何述焉？』子曰：『天何言哉？四时行焉，百物生焉，天何言哉？』

20 孺悲欲见孔子，孔子辞以疾。将命者出户，取瑟而歌，使之闻之。

注释

述：记述。**孺悲：**鲁国人。**辞以疾：**即『以疾辞』，托病不见。

译文

孔子说：『我想不说话了。』子贡道：『您如果不说话，那我们这些学生传述什么呢？』孔子道：『天说什么话了吗？四季照样运行，百物照样生长，天说了什么呢？』

孺悲想见孔子，孔子托言有病，拒绝接待。传命的人刚出房门，孔子便把瑟拿下来弹，并且唱着歌，故意使孺悲听到。

宰我問。三年之喪。期已久矣。君子三年不爲禮。禮必壞。三年不爲樂。樂必崩。舊穀既沒。新穀既升。鑽燧改火。期可已矣。子曰。食夫稻。衣夫錦。於女安乎。曰。安。

原文

21 宰我问：『三年之丧，期已久矣。君子三年不为礼，礼必坏；三年不为乐，乐必崩。旧谷既没，新谷既升，钻燧改火，期可已矣。』

子曰：『食夫稻，衣夫锦，于女安乎？』曰：『安。』

注释

钻燧改火：古代以钻木取火，四季用不同的木材轮取。**稻：**此指精粮。

译文

宰我问：『父母死了，守孝三年，为期也太久了。君子如三年不去习礼，礼仪一定会废弃掉；三年不去奏乐，音乐一定会荒废。陈谷既已吃完了，新谷又已登场；钻木取火又经过一个轮回，一年也就可以了。』孔子道：『（父母死了不到三年，）你便吃稻米，穿锦缎，你感到心安吗？』宰我道：『心安。』

女安則為之。夫君子之居喪。食旨不甘。聞樂不樂。居處不安。故不為也。今女安則為之。宰我出。子曰。予之不仁也。子生三年。然後免於父母之懷。夫三年之喪。天下之通喪也。予也有三年之愛於其父母乎。

原文

『女安，则为之！夫君子之居丧，食旨不甘，闻乐不乐，居处不安，故不为也。今女安，则为之！』宰我出。子曰：『予之不仁也！子生三年，然后免于父母之怀。夫三年之丧，天下之通丧也，予也有三年之爱于其父母乎？』

译文

孔子说：『你感到心安，就那样做吧！君子服丧，吃美食不觉得甘美，听音乐不觉得快乐，住在家里不觉得舒适安宁，所以不那样做。如今你既然觉得心安，便去做好了。』宰我退了出来。孔子说：『宰予真不仁呀！儿女生下来，三年以后才能完全脱离父母的怀抱。替父母守孝三年，是天下通行的丧礼。宰予难道就没有从他父母那里得到三年怀抱的爱护吗？』

子曰。飽食終日。無所用心。難矣哉。不有博弈者乎。為之。猶賢乎已。

子路曰。君子尚勇乎。子曰。君子義以為上。君子有勇而無義為亂。小人有勇而無義為盜。

原文

22 子曰：『饱食终日，无所用心，难矣哉！不有博弈者乎！为之，犹贤乎已。』

23 子路曰：『君子尚勇乎？』子曰：『君子义以为上，君子有勇而无义为乱，小人有勇而无义为盗。』

注释

博弈：古代的两种棋局。博，掷骰子后行棋；弈，只行棋不掷骰子。**尚：**同『上』，作动词。**义以为上：**即『以义为上』。

译文

孔子说：『整天吃饱了饭，什么心思也不用，不行的呀！不是有掷骰下弈的游戏吗？干干这些也比闲着好。』

子路问：『君子崇尚勇敢吗？』孔子说：『君子认为义是最尊贵的，君子有勇无义，就会作乱造反；小人只有勇，没有义，就会做土匪强盗。』

子貢曰。君子亦有惡乎。子曰。有惡。惡稱人之惡者。惡居下流而訕上者。惡勇而無禮者。惡果敢而窒者。曰。賜也亦有惡乎。惡徼以爲知者。惡不孫以爲勇者。惡訐以爲直者。

原文

24 子贡曰：『君子亦有恶乎？』子曰：『有恶：恶称人之恶者，恶居下流而讪上者，恶勇而无礼者，恶果敢而窒者。』曰：『赐也亦有恶乎？』『恶徼以为知者，恶不孙以为勇者，恶讦以为直者。』

注释

恶：音wù，憎恶、厌恶。**下流：**下位。**讪：**音shàn，毁谤。**窒：**执拗到底。**徼：**意为窃取。**讦：**音jié，攻击。

译文

子贡问：『君子也有厌恶的人或事吗？』孔子说：『是有所厌恶的：厌恶一味传播别人坏处的人，厌恶身居下位而毁谤上级的人，厌恶勇敢而无礼的人，厌恶果敢而顽固不化、执拗到底的人。』

孔子又道：『赐，你也有厌恶的事吗？』子贡随即答道：『我厌恶窃取别人的成绩而自以为聪明的人，厌恶毫不谦虚却自以为勇敢的人，厌恶揭发别人隐私却自以为直率的人。』

子曰。唯女子與小人爲難養也。近之則不孫。遠之則怨。

子曰。年四十而見惡焉。其終也已。

原文

25 子曰：『唯女子与小人为难养也，近之则不孙，远之则怨。』

26 子曰：『年四十而见恶焉，其终也已。』

注释

难养：难以相处。**不孙：**即『不逊』，意为无礼。**见恶：**被人厌恶。

译文

孔子说：『只有女子和小人是难以相处的，亲近了吧，他们会无礼；疏远了，他们会怨恨。』

孔子说：『到了四十岁还被人厌恶，他这一生也就完了。』

微子篇第十八

本篇记载了孔子对许多古人的评价，反映了孔子的人生观和价值观。

孔子把他认为的好人分成多个层次：最高的是“圣人”，这类人极少，只有尧、舜、文、武、周公等才能配得上，在他当世一个也没有；其次是“仁人”，这类人也很少，在《论语》中，能被孔子许为“仁人”的，只有微子、箕子、比干等良臣，以及他最欣赏的弟子颜回；再次一等的是“贤人”，这类人相对比较多，如子产、管仲等春秋名相；再次一等的是“君子”，这类人是大多数，如商代的伯夷、叔齐，当时的蘧伯玉、柳下惠等等。

孔子虽然特别重视“仁”，但在品评人物以及教育弟子时，更多的是强调做个“贤人”或“君子”，因为这两者是通过后天的努力可以达到的；至于“圣人”与“仁人”，只能作为一种理想人格，用以学习和追求，借此提升自己的道德品质。在这一点上，孔子可以说是个现实主义者。

本篇中谈到了许多古代的贤士和隐士，他们大多介乎“贤人”与“君子”之间，有的是“不降其志，不辱其身”（如伯夷、叔齐），有的是虽“降志辱身”而不“枉己苟合”（如柳下惠、少连），有的是“隐居放言，身中清，废中权”（如虞仲、夷逸）。孔子对他们的评论是“无可无不可”，意思是随他们各适自性去做就行了。

微子去之。箕子為之奴。比干諫而死。孔子曰。殷有三仁焉。

柳下惠為士師。三黜。人曰。子未可以去乎。曰。直道而事人。焉往而不三黜。枉道而事人。何必去父母之邦。

原文

01 微子去之，箕子为之奴，比干谏而死。孔子曰：『殷有三仁焉。』

02 柳下惠为士师，三黜。人曰：『子未可以去乎？』曰：『直道而事人，焉往而不三黜？枉道而事人，何必去父母之邦？』

注释

微子：名启，商纣王的同母异父兄。纣王无道，他便出走了。**箕子**：商纣王的叔父。纣王无道，他披发装疯，被贬为奴。**比干**：商纣王的叔父。纣王无道，他力谏，被剖心而死。**士师**：狱官。**三黜**：多次被罢黜。三，虚数，意为多次。**父母之邦**：指祖国。

译文

（纣王昏聩残暴，）微子便离开了他，箕子做了他的奴隶，比干劝谏而被杀。孔子说：『殷商末年有三位仁人。』

柳下惠做狱官，多次被撤职。有人对他说：『您为什么不离开鲁国呢？』他说：『如果我同样正直地工作，到哪里去不被多次罢免呢？如果我不这样正直地工作，那又何必一定要离开祖国呢？』

齊景公待孔子曰。若季氏則吾不能。以季。孟之閒待之。曰。吾老矣。不能用也。孔子行。

齊人歸女樂。季桓子受之。三日不朝。孔子行。

原文

03 齐景公待孔子曰：『若季氏，则吾不能；以季、孟之间待之。』曰：『吾老矣，不能用也。』孔子行。

04 齐人归女乐，季桓子受之，三日不朝，孔子行。

注释

待：对待。**若季氏**：如（鲁君）对待季氏那样。**行**：离开。**归女乐**：赠送歌姬舞女。归，同『馈』。**季桓子**：季孙斯，鲁国的上聊，掌有权柄。

译文

齐景公讲到对待孔子的打算时说：『用鲁君对待季氏的方式对待孔子，那我做不到；我要用次于季氏而高于孟氏的待遇来对待他。』不久，又说道：『我老了，不能用他了。』于是孔子离开了齐国。

齐国送了许多歌姬舞女给鲁国，季桓子接受了，三天不问政事，孔子就离职走了。

楚狂接輿歌而過孔子曰。鳳兮鳳兮。何德之衰。往者不可諫。來者猶可追。已而已而。今之從政者殆而。孔子下。欲與之言。趨而辟之。不得與之言。

原文

05

楚狂接舆歌而过孔子曰：『凤兮凤兮！何德之衰？往者不可谏，来者犹可追。已而，已而！今之从政者殆而！』孔子下，欲与之言。趋而辟之，不得与之言。

注释

楚狂接舆：楚国的狂人隐士接舆。接舆，此非真名，因接孔子之舆而代名之。**何德之衰：**为何德性如此之差。讽刺孔子未能遵循『无道则隐』的准则。**谏：**意为挽回。

译文

楚国的狂人接舆走过孔子的车旁时唱道：『凤凰呀，凤凰呀！为什么德性这么差？过去的不能再挽回，未来的还来得及赶上。算了吧，算了吧！现在的执政诸公危乎其危！』孔子下车，想同他谈谈。他却赶快避开，孔子没找到机会同他谈。

長沮。桀溺耦而耕。孔子過之。使子路問津焉。

長沮曰。夫執輿者為誰。子路曰。為孔丘。曰。是魯孔丘與。曰。是也。曰。是知津矣。

問於桀溺。桀溺曰。子為誰。曰。為仲由。曰。是魯孔丘之徒與。對曰。然。

原文

06

长沮、桀溺耦而耕，孔子过之，使子路问津焉。

长沮曰：『夫执舆者为谁？』子路曰：『为孔丘。』

曰：『是鲁孔丘与？』曰：『是也。』曰：『是知津矣。』

问于桀溺。桀溺曰：『子为谁？』曰：『为仲由。』

曰：『是鲁孔丘之徒与？』对曰：『然。』

注释

长沮、桀溺：两位隐士，是否真名，已不可考。**耦而耕：**同行耕田。耦，音ǒu，两人并耕。**津：**渡口。

译文

长沮、桀溺两人一同耕田，孔子在那儿经过，叫子路去问渡口。长沮问子路道：『那位驾车子的是谁？』子路道：『是孔丘。』长沮又问：『是鲁国的那位孔丘吗？』子路道：『是的。』长沮便道：『他呀，早晓得渡口在哪儿了。』

子路去问桀溺。桀溺道：『您是谁？』子路答：『我是仲由。』

桀溺道：『您是鲁国孔丘的门徒吗？』答道：『是的。』

曰。滔滔者天下皆是也。而誰以易之。
且而與其從辟人之士也。豈若從辟世之士哉。
耰而不輟。
子路行以告。夫子憮然曰。鳥獸不可與同羣。
吾非斯人之徒與而誰與。天下有道。丘不與易
也。

原文

曰：『滔滔者天下皆是也，而谁以易之？且而与其从辟人之士也，岂若从辟世之士哉？』耰而不辍。

子路行以告。夫子怃然曰：『鸟兽不可与同群，吾非斯人之徒与而谁与？天下有道，丘不与易也。』

注释

易：变易，此指改造。**辟人：**意为逃避坏人。辟，同『避』。**辟世：**避世，即隐居。**耰：**音yōu，翻土。**怃然：**惆怅的样子。

译文

桀溺便道：『洪水弥漫，天下纷乱，谁能改变得了呢？你与其跟着（孔丘那样的）避人之士，为什么不跟着（我们这些）逃避整个社会的人呢？』说完，仍旧不停地做田里的事情。

子路回来报告给孔子。孔子很失望地说：『我们既然不可以同飞禽走兽合群共处，若不同人群打交道，又同什么去打交道呢？如果天下太平，我就不会同你们一道来从事改革了。』

子路從而後。遇丈人。以杖荷蓧。子路問曰。子見夫子乎。丈人曰。四體不勤。五穀不分。孰爲夫子。植其杖而芸。子路拱而立。止子路宿。殺鷄爲黍而食之。見其二子焉。

原文

07

子路从而后，遇丈人，以杖荷篠。子路问曰：『子见夫子乎？』丈人曰：『四体不勤，五谷不分。孰为夫子？』植其杖而芸。子路拱而立。止子路宿，杀鸡为黍而食之，见其二子焉。

注释

丈人：老人。**荷篠：**荷，动词，挑担。篠，音diào，除草的工具。**芸：**除草。**止：**动词，意为留住。

译文

子路跟随着孔子，却远落在后面，碰到一个老人，用拐杖挑着除草用的工具。子路问道：『您看见我的老师吗？』老人道：『他这人，四肢不劳动，五谷不认识，算得上什么老师？』说完，便扶着拐杖去锄草了。子路拱手恭敬地站着。他便留子路到他家住宿，杀鸡做饭给子路吃，又叫他两个儿子出来相见。

明日，子路行以告。子曰：隐者也。使子路反见之。至则行矣。

子路曰：不仕无义。长幼之节，不可废也；君臣之义，如之何其废之？欲洁其身，而乱大伦。君子之仕也，行其义也。道之不行，已知之矣。

原文

明日，子路行以告。子曰：『隐者也。』使子路反见之。至，则行矣。

子路曰：『不仕无义，长幼之节，不可废也；君臣之义，如之何其废之？欲洁其身，而乱大伦。君子之仕也，行其义也。道之不行，已知之矣。』

译文

第二天，子路赶上孔子报告了这件事。孔子道：『这是位隐士。』叫子路回去再看看他。子路到了那里，他却走开了。

子路便说：『不做官是不对的。长幼间的礼节，是不可能废弃的；君臣间的关系，又怎么能废弃呢？你原想不玷污自身，却不知道这样隐居便是忽视了君臣之间的必要关系。君子出来做官，只是尽应尽之责。至于我们的政治主张行不通，早就知道了。』

注释

反：同『返』。**不仕无义**：不做官没有君臣之义。

逸民。伯夷。叔齊。虞仲。夷逸。朱張。柳下惠。少連。子曰。不降其志。不辱其身。伯夷叔齊與。謂柳下惠。少連。降志辱身矣。言中倫。行中慮。其斯而已矣。謂虞仲。夷逸。隱居放言。身中清。廢中權。我則異於是。無可無不可。

原文

08

逸民：伯夷、叔齐、虞仲、夷逸、朱张、柳下惠、少连。子曰：『不降其志，不辱其身，伯夷、叔齐与！』谓：『柳下惠、少连，降志辱身矣，言中伦，行中虑，其斯而已矣。』谓：『虞仲、夷逸，隐居放言，身中清，废中权。我则异于是，无可无不可。』

注释

逸民：遗落的人才。逸，同『佚』。**虞仲：**人名，古代隐士，生平不详。**夷逸：**人名，古代隐士，生平不详。**朱张：**人名，古代隐士，生平不详。**少连：**人名，古代隐士，传说善于守孝。**降志辱身：**降低志气，辱没身价。**言中伦：**说话合乎礼法。**行中虑：**行动经过慎思。**身中清：**立身清正廉洁。**废中权：**即使废弃不用也合乎其宜。

译文

古今被遗落的人才有伯夷、叔齐、虞仲、夷逸、朱张、柳下惠、少连。孔子道：『不降低自己的志气，不辱没自己的身份，是伯夷、叔齐吧！』又说：『柳下惠、少连降低了自己的志气，辱没了自己的身份，但言论合乎礼仪，行动经过思考。不过如此罢了。』又说：『虞仲、夷逸避世隐居，放肆直言，但行为清廉，即使废弃不用也合乎其宜。我和他们不同，没有什么可以，也没有什么不可以。』

大師摯適齊。亞飯干適楚。三飯繚適蔡。四飯缺適秦。鼓方叔入於河。播鼗武入於漢。少師陽。擊磬襄入於海。

原文

09

大师挚适齐，亚饭干适楚，三饭缭适蔡，四饭缺适秦，鼓方叔入于河，播鼗武入于汉，少师阳、击磬襄入于海。

注释

大师挚：大师，即『太师』，乐官之长。挚，人名。**适**：逃至。**亚饭干**：亚饭，乐官名。干，人名。古代天子用膳均需奏乐，首奏由太师担任，余下顺奏者便称『亚饭』『三饭』『四饭』等，皆为乐官名。**鼓方叔**：鼓，打鼓之官。方叔，人名。**播鼗武**：播鼗，摇小鼓的官。武，人名。鼗，音táo。**少师阳**：少师，乐官之佐。阳，人名。**击磬襄**：敲击钟磬的官。襄，人名。

译文

太师挚逃到了齐国，亚饭乐师干逃到了楚国，三饭乐师缭逃到了蔡国，四饭乐师缺逃到了秦国，打鼓的方叔移居黄河之滨，摇小鼓的武移居汉水之涯，少师阳和击磬的襄移居海边。

周公謂魯公曰。君子不施其親。不使大臣怨乎不以。故舊無大故。則不棄也。無求備於一人。

周有八士。伯達。伯适。仲突。仲忽。叔夜。叔夏。季隨。季騧。

原文

10 周公谓鲁公曰：『君子不施其亲，不使大臣怨乎不以。故旧无大故，则不弃也。无求备于一人。』

11 周有八士：伯达、伯适、仲突、仲忽、叔夜、叔夏、季随、季騧。

注释

周公：周公旦，鲁国的始祖，孔子心目中的圣人。**鲁公**：周公的儿子伯禽，继承周公为鲁国国君。**不施其亲**：不嫌弃自己的亲族。施，同『弛』。**不以**：不用。**故旧**：老臣故吏。**大故**：大的过错。**『伯达』至『季騧』八人**：应为八位贤者，但生平皆不详。

译文

周公对鲁公说：『君子不怠慢他的亲族，不让大臣抱怨没被信用。老臣故人没有出现严重过失，就不要抛弃他。不要对某一人求全责备！』

周朝有八个有教养的人：伯达、伯适、仲突、仲忽、叔夜、叔夏、季随、季騧。

子張篇第十九

○

本篇记载的都是孔子弟子的言论，包括子张、子夏、子游、曾子、子贡等。其中记子夏的最多，子贡次之。朱熹认为，在孔门弟子中，“自颜回以下，颖悟莫若子贡；自曾子以下，笃实无若子夏”。

孔子弟子的这些言论，基本反映了孔子的思想。如子张说：“士见危致命，见得思义，祭思敬，丧思哀，其可已矣。”这与孔子对“士”的看法，以及对祭祀丧事的处理，几乎完全一样。子游更是说“丧致乎哀而止”，几乎就是孔子“丧，与其易也，宁戚”的翻版。再如子夏说：“博学而笃志，切问而近思，仁在其中矣。”这也与孔子对学问的许多论述十分相似。

本篇中有一些记载，反映了孔门弟子间的矛盾，是挺有趣的。如第十二段，子游说子夏的弟子只能做做洒扫、应对这样的小事，那是本末倒置的。子夏听说后很是生气，认为子游说的话太过了，称“君子之道，焉可诬也？”在第十六段中，曾子也说子游为人高傲，难以一起“为仁”。

另外，从本篇中也能看出，孔子在去世后，遭到了时人的一些非议。还有一些人，声称子贡贤于孔子，以此挑拨孔门的关系。但孔门的弟子是非常维护自己的老师的。尤其是子贡，当听到叔孙武叔毁仲尼（即孔子），当即说“仲尼不可毁”。并说别的贤者不过是丘陵，可以超越；而孔子如日月，无法超越。这反映了孔子在其弟子心目中的地位。

子張曰。士見危致命。見得思義。祭思敬。喪思哀。其可已矣。

子張曰。執德不弘。信道不篤。焉能爲有。焉能爲亡。

原文

01 子张曰：『士见危致命，见得思义，祭思敬，丧思哀，其可已矣。』

02 子张曰：『执德不弘，信道不笃，焉能为有？焉能为亡？』

注释

见危致命：遇见危险敢于献出生命。**弘**：同『强』，弘扬。**亡**：意为少。

译文

子张说：『士人看见危险肯献出生命，看见有所得便考虑是否合于义，祭祀时想到恭敬，居丧时想到悲痛，这也就可以了。』

子张说：『执行德却不能弘扬，信奉道却不笃定，（这种人）有他不为多，没他不为少。』

子夏之門人問交於子張。子張曰。子夏云何。對曰。子夏曰。可者與之。其不可者拒之。子張曰。異乎吾所聞。君子尊賢而容衆。嘉善而矜不能。我之大賢與。於人何所不容。我之不賢與。人將拒我。如之何其拒人也。

原文

03

子夏之门人问交于子张。子张曰：『子夏云何？』对曰：『子夏曰：「可者与之，其不可者拒之。」』子张曰：『异乎吾所闻：君子尊贤而容众，嘉善而矜不能。我之大贤与？于人何所不容？我之不贤与？人将拒我，如之何其拒人也？』

注释

交：交友。**矜不能：**同情无能之人。

译文

子夏的学生向子张请教交友之道。子张说：『子夏说了些什么？』子夏的学生回答说：『子夏说：「可以交往的就去交往，不可以交往的则拒绝。」』

子张道：『我所听到的与此不同：君子尊敬贤人，也接纳普通人；称赞好人，也同情无能的人。我是个很贤明的人吗？对别人有什么不能容纳的呢？我是个不贤明的人吗？别人将会拒绝我，我怎能去拒绝别人呢？』

子夏曰。雖小道。必有可觀者焉。致遠恐泥。是以君子不爲也。

子夏曰。日知其所亡。月無忘其所能。可謂好學也已矣。

原文

04 子夏曰：『虽小道，必有可观者焉；致远恐泥，是以君子不为也。』

05 子夏曰：『日知其所亡，月无忘其所能，可谓好学也已矣。』

注释

致远恐泥：对于远大目标恐有妨碍。泥，读去声，意为不通。**亡：**意为自己所没有的。**能：**意为自己已能的。

译文

子夏说：『即使是小技艺，也一定有可取之处；恐怕它妨碍远大事业，所以君子不做罢了。』

子夏说：『每天知道所缺乏的，每月复习所已能的，可以说是好学了。』

子夏曰。博學而篤志。切問而近思。仁在其中矣。

子夏曰。百工居肆以成其事。君子學以致其道。

原文

06 子夏曰：『博学而笃志，切问而近思，仁在其中矣。』

07 子夏曰：『百工居肆以成其事，君子学以致其道。』

注释

笃志：坚定志向。**切问：**恳切地求教。

百工：概指各类工匠。**肆：**工作场所。

译文

子夏说：『广泛地学习且坚守自己志向，恳切地求问且常常思考眼前的事，仁德就在这中间了。』

子夏说：『各行各业的工匠在作坊里完成他们的工作，君子则通过学习来获得那个道。』

子夏曰。小人之過也必文。

子夏曰。君子有三變。望之儼然。即之也温。聽其言也厲。

原文

08 子夏曰：『小人之过也必文。』

09 子夏曰：『君子有三变：望之俨然，即之也温，听其言也厉。』

注释

文：掩盖。**俨然**：庄严之态。

译文

子夏说：『小人犯了错误一定会加以掩饰。』

子夏说：『君子有三变：远远望去庄严持重，跟他接近却温和可亲，听他说话则严厉不苟。』

子夏曰。君子信而後勞其民。未信。則以為厲己也。信而後諫。未信。則以為謗己也。

子夏曰。大德不逾閑。小德出入可也。

原文

10 子夏曰：『君子信而后劳其民；未信，则以为厉己也。信而后谏；未信，则以为谤己也。』

11 子夏曰：『大德不逾闲，小德出入可也。』

注释

信：意为得到信任。**厉**：意为折磨。**大德**：指重大节操，关乎仁义。**闲**：同『阑』，意为界限。**小德**：指小节。

译文

子夏说：『君子必须获得民众的信任之后才去役劳他们；否则百姓会以为是在折磨他们。君子获得君主的信任之后才去进谏；否则君主会以为在诽谤他。』

子夏说：『重大的道德节操不能逾越界限，作风上的小节稍稍放松一点是可以的。』

子游曰。子夏之門人小子。當灑掃應對進退。
則可矣。抑末也。本之則無。如之何。
子夏聞之。曰。噫。言游過矣。君子之道。孰先
傳焉。孰後倦焉。譬諸草木。區以別矣。君
子之道。焉可誣也。有始有卒者。其惟聖人乎。

原文

12 子游曰：『子夏之门人小子，当洒扫应对进退，则可矣，抑末也。本之则无，如之何？』

子夏闻之，曰：『噫！言游过矣！君子之道，孰先传焉？孰后倦焉？譬诸草木，区以别矣。君子之道，焉可诬也？有始有卒者，其惟圣人乎！』

注释

末：指细枝末节的事务。**本**：指为人的根本大事。

译文

子游说：『子夏的学生们，做洒水扫地、接待客人、趋进走退一类的事是可以的，不过这些只是细枝末节的事罢了。根本的学问却没有学到，那怎么行呢？』

子夏听了这话，说：『咳！言游说错了！君子之道，哪一项先传授呢？哪一项最后讲述呢？君子之道犹如草木，是要区别为各种各类的。君子之道，怎么能歪曲呢？要说有始有终的，大概只有圣人吧！』

子夏曰。仕而優則學。學而優則仕。

子游曰。喪致乎哀而止。

子游曰。吾友張也為難能也。然而未仁。

曾子曰。堂堂乎張也。難與並為仁矣。

原文

13 子夏曰：『仕而优则学，学而优则仕。』

14 子游曰：『丧致乎哀而止。』

15 子游曰：『吾友张也为难能也，然而未仁。』

16 曾子曰：『堂堂乎张也，难与并为仁矣。』

注释

优：音、意皆同『悠』，有余力。**哀：**此指哀而不伤，即不过度悲痛。**难能：**难以学到。**堂堂：**行止高迈。

译文

子夏说：『做官仍有余力就去学习，学习时仍有余力便去做官。』

子游说：『居丧，充分表达了悲哀也就可以了。』

子游说：『我的朋友子张已经是难能可贵的了，然而还没有达到仁的境界。』

曾子说：『子张的行为高迈，很难和他一同达到仁德。』

曾子曰。吾聞諸夫子。人未有自致者也。必也親喪乎。

曾子曰。吾聞諸夫子。孟莊子之孝也。其他可能也。其不改父之臣與父之政。是難能也。

原文

17 曾子曰：『吾闻诸夫子：人未有自致者也，必也亲丧乎！』

18 曾子曰：『吾闻诸夫子：孟庄子之孝也，其他可能也，其不改父之臣与父之政，是难能也。』

注释

致： 指在感情上用到极致。**孟庄子：** 鲁国大夫孟献子的儿子，名速。

译文

曾子说：『我听老师说过：人不会把情感发挥到极致，（如果有，）一定是在父母死亡的时候吧！』

曾子说：『我听老师说过：孟庄子的孝，别的方面都容易做到，而他留用父亲的僚属，保持他父亲的治理措施，这是难以做到的。』

孟氏使陽膚為士師。問於曾子。曾子曰。上失其道。民散久矣。如得其情。則哀矜而勿喜。

子貢曰。紂之不善。不如是之甚也。是以君子惡居下流。天下之惡皆歸焉。

原文

19 孟氏使阳肤为士师，问于曾子。曾子曰：『上失其道，民散久矣。如得其情，则哀矜而勿喜。』

20 子贡曰：『纣之不善，不如是之甚也。是以君子恶居下流，天下之恶皆归焉。』

注释

阳肤：曾子的学生。**情**：指百姓遇乱而失足之情形。**哀矜**：哀怜。**纣**：商朝末代之君，以暴虐著称。

译文

孟氏任命阳肤为狱官，阳肤向曾子求教。曾子道：『现今在上位的人不依规矩行事，百姓早就离心离德了。你假若能够审出罪犯的真情，便应该同情可怜他，切不要自鸣得意！』

子贡说：『商纣的无道，不像现在流传得那么严重。所以君子忌讳身染污行，因为一沾染污行，天下的坏事就都会归集到他身上了。』

子貢曰。君子之過也。如日月之食焉。過也。人皆見之。更也。人皆仰之。

原文

21 子贡曰：『君子之过也，如日月之食焉。过也，人皆见之；更也，人皆仰之。』

注释

过：过失、过错。**食**：同『蚀』。

更：改正。

译文

子贡说：『君子的过错好比日蚀月蚀。有过错时，每个人都看得见；但只要更改过错，每个人都仰望他。』

衛公孫朝問於子貢曰。仲尼焉學。子貢曰。文武之道。未墜於地。在人。賢者識其大者。不賢者識其小者。莫不有文武之道焉。夫子焉不學。而亦何常師之有。

原文

22

卫公孙朝问于子贡曰：『仲尼焉学？』子贡曰：『文武之道，未坠于地，在人。贤者识其大者，不贤者识其小者。莫不有文武之道焉。夫子焉不学？而亦何常师之有？』

注释

卫公孙朝：卫，卫国。公孙朝，人名。

文武之道：指周文王与周武王实行的政道。

译文

卫国的公孙朝向子贡问道：『孔仲尼的学问是从哪里学来的？』子贡说：『文王、武王之道，并没有失传，而是散在人间。贤能的人掌握了其中重要部分，不贤能的人只抓些细枝末节。周文王和周武王之道是无处不在的。我的老师何处不能学呢？而且又何必要有一定的老师作专门的传授呢？』

叔孫武叔語大夫於朝曰。子貢賢於仲尼。子服景伯以告子貢。子貢曰。譬之宮牆。賜之牆也及肩。窺見室家之好。夫子之牆數仞。不得其門而入。不見宗廟之美。百官之富。得其門者或寡矣。夫子之云。不亦宜乎。

23

原文

叔孙武叔语大夫于朝曰：『子贡贤于仲尼。』子服景伯以告子贡。子贡曰：『譬之宫墙，赐之墙也及肩，窥见室家之好。夫子之墙数仞，不得其门而入，不见宗庙之美，百官之富。得其门者或寡矣。夫子之云，不亦宜乎？』

注释

叔孙武叔：鲁国大夫，名州仇。**子服景伯**：鲁国大夫。**数仞**：表示很高。仞，古代度制，长七尺。**官**：本义为房舍，同『宫』。**宜**：自然如此。

译文

叔孙武叔在朝廷中对官员们说：『子贡比他老师仲尼要强些。』子服景伯便把这话告诉了子贡。子贡道：『拿房屋的围墙做比喻吧！我家的围墙只有肩膀那么高，谁都可以探望到里面房屋的美好。我老师家的围墙却有几丈高，找不到大门走进去，就看不到里面宗庙的雄伟、房舍的富丽。能够找着大门的人或许太少了，所以，武叔他老人家那样说，不也是很自然的吗？』

叔孫武叔毁仲尼。子貢曰。無以爲也。仲尼不可毁也。他人之賢者。丘陵也。猶可踰也。仲尼日月也。無得而逾焉。人雖欲自絶。其何傷於日月乎。多見其不知量也。

24

原文

叔孙武叔毁仲尼。子贡曰：『无以为也！仲尼不可毁也。他人之贤者，丘陵也，犹可逾也；仲尼，日月也，无得而逾焉。人虽欲自绝，其何伤于日月乎？多见其不知量也。』

注释

自绝：自绝于日月（喻孔子）。

不知量：意为不自量力。

译文

叔孙武叔诋毁仲尼。子贡道：『不要这样做！仲尼是不可诋毁的。他人的贤能，好比山丘，还可以超越过去；仲尼，就好比是太阳和月亮，是不可能逾越的。一个人纵是要自绝于日月，那对日月又有什么损害呢？只是显出他不自量力罢了。』

陳子禽謂子貢曰。子爲恭也。仲尼豈賢於
子乎。子貢曰。君子一言以爲知。一言以爲不知。言
不可不慎也。夫子之不可及也。猶天之不可階
而升也。夫子之得邦家者。所謂立之斯立。道
之斯行。綏之斯來。動之斯和。其生也榮。其死
也哀。如之何其可及也。

原文

25

陈子禽谓子贡曰：『子为恭也，仲尼岂贤于子乎？』子贡曰：『君子一言以为知，一言以为不知，言不可不慎也。夫子之不可及也，犹天之不可阶而升也。夫子之得邦家者，所谓立之斯立，道之斯行，绥之斯来，动之斯和。其生也荣，其死也哀，如之何其可及也？』

注释

阶：作动词，登阶梯。**绥：**安抚。**动：**动员。

译文

陈子禽对子贡说：『你太谦恭了，仲尼岂能比你更有才能？』子贡说：『君子一句话可以表现他的有知，一句话也可以表现他的无知，所以说话不可不谨慎。我的老师没人赶得上，犹如青天不可以用阶梯爬上去。老师如果得国而为诸侯，或者得到采邑而为卿大夫，那正如我们所说的：一叫百姓人人立足于社会，百姓就会人人立足于社会；一引导百姓，百姓就会前进；一安抚百姓，百姓就会从远方来投靠；一动员百姓，百姓就会同心协力。他老人家，生得荣耀，死了令人哀痛，别人怎么能够赶得上呢？』

尧曰篇第二十

○

本篇是全书中最短的一篇，只有三段文字。

第一段记载了尧、舜、禹三代禅让的故事，这些内容大多见于《尚书》，真实性如何，学界有不同看法。但其中反映出的思想，后成为儒家的政治理想，也构成中国的政治传统文化。这些思想是：一、帝位的传授是应乎天命的，这是所谓的合法性。二、为政要“谨权量，审法度，修废官”，意为严谨地制定度量衡（因关乎国计民生），详细地核定法度（因关乎社会秩序），修立废坏的职官（因关乎政府运转）。三、要使天下归心，就要做到“兴灭国，继绝世，举逸民”，意为复兴已灭的国家，接续断绝的世族，举荐前朝被遗落的德才之士。这些思想后成为朝代更迭时的重要法则。

第二段记载的是子张向孔子问从政的事。孔子提出了“尊五美，摒四恶”的原则。其中“五美”多在孔子的其他言论中看到，但“四恶”是新提出来的，很值得玩味。如“不教而杀谓之虐”，鲜明地反映了儒家与法家的区别，前者重教化，后者重刑罚。

第三段最值得玩味的是孔子所说的“不知命，无以为君子”。孔子对“命”一向谈得很少，还特别欣赏子产那句“天道远，人道迩”。但在孔子内心，其实对“天命”一直是十分敬畏的，所以他自称“五十而知天命”，在谈“君子有三畏”时也提到“畏天命”。只不知孔子所说的“天命”到底指什么，这是值得好好研究的。

堯曰。咨。爾舜。天之曆數在爾躬。允執厥中。

四海困窮。天祿永終。

舜亦以命禹。

曰。予小子履敢用玄牡。敢昭告於皇皇后帝。

有罪不敢赦。帝臣不蔽。簡在帝心。朕躬有

罪。無以萬方。萬方有罪。罪在朕躬。

原文

01

尧曰：『咨！尔舜！天之历数在尔躬，允执厥中。四海困穷，天禄永终。』舜亦以命禹。

曰：『予小子履敢用玄牡，敢昭告于皇皇后帝：有罪不敢赦。帝臣不蔽，简在帝心。朕躬有罪，无以万方；万方有罪，罪在朕躬。』

译文

尧（让位于舜时）说道：『啧啧！你这位舜啊！上天的大命已经落到你的身上了，忠实地保持着那中庸之道吧！假若天下的百姓都陷于困苦贫穷，上天给你的禄位也会永远地终止了。』舜（让位于禹时）也说了这一番话。

（商汤）说：『我履谨用黑色牡牛作为祭品，明明白白地告于光明而伟大的天帝：有罪的人（我）不敢擅自去赦免他。您的臣仆（的善恶）我也不隐瞒掩盖，这是您心中知道的。我本人若有罪，就不要牵连天下万方；天下万方若有罪，罪责都归我一个人来承担。』

注释

咨：语气词，称赞之意。**历数：**本指历法，意为天命。**允执厥中：**执持中庸之道。**予小子：**上古帝王的自称。下文『予一人』同此。**履：**商汤之名。**帝臣不蔽，简在帝心：**上帝之臣的善恶不敢掩盖，因为上帝心里早就明白。简，同『阅』。

周有大賚。善人是富。雖有周親。不如仁人。百姓有過。在予一人。

謹權量。審法度。脩廢官。四方之政行焉。興滅國。繼絕世。舉逸民。天下之民歸心焉。

所重。民。食。喪。祭。

寬則得衆。信則民任焉。敏則有功。公則說。

原文

周有大赉，善人是富。『虽有周亲，不如仁人。百姓有过，在予一人。』谨权量，审法度，修废官，四方之政行焉。兴灭国，继绝世，举逸民，天下之民归心焉。所重：民、食、丧、祭。宽则得众，信则民任焉，敏则有功，公则说。

译文

周朝大封诸侯，使善人都富贵起来。周武王说『我虽然有至亲，却不如有仁德之人。百姓如果有罪过，应该由我来承担』。谨慎地检验并审定度量衡，修复已废弃的官署，全国的政令就会通行了。复兴灭亡了的国家，承续已断绝的宗族，提拔被遗落的人才，天下的百姓就都会心悦诚服了。所重视的是：人民、粮食、丧礼、祭祀。宽厚就会得到群众的拥护，诚信就会得到百姓信任，勤敏就会有功绩，公平就会使百姓高兴。

注释

赉：音lài，施予。**权量**：权衡。**信则民任焉**：此五字为衍文。**公则说**：公平则百姓高兴。说，同『悦』。

子張問於孔子曰。何如斯可以從政矣。

子曰。尊五美。屏四惡。斯可以從政矣。

子張曰。何謂五美。子曰。君子惠而不費。勞而不怨。欲而不貪。泰而不驕。威而不猛。

原文

02

子张问于孔子曰：『何如斯可以从政矣？』子曰：『尊五美，屏四恶，斯可以从政矣。』子张曰：『何谓五美？』子曰：『君子惠而不费，劳而不怨，欲而不贪，泰而不骄，威而不猛。』

注释

费：浪费。

译文

子张向孔子问道：『怎样就可以治理政事呢？』孔子道：『尊崇五种美德，排除四种恶政，这样就可以治理政事了。』子张道：『五种美德是哪些？』孔子道：『君子给人民以好处，而自己却无所耗费；使百姓劳作却无怨言；有正当的欲望却不贪求；安泰矜持却不骄傲；威严却不凶猛。』

子張曰。何謂惠而不費。子曰。因民之所利而利
之。斯不亦惠而不費乎。擇可勞而勞之。又誰
怨。欲仁而得仁。又焉貪。君子無衆寡。無小大。
無敢慢。斯不亦泰而不驕乎。君子正其衣冠。
尊其瞻視。儼然人望而畏之。斯不亦威而
不猛乎。

原文

子张曰：『何谓惠而不费？』子曰：『因民之所利而利之，斯不亦惠而不费乎？择可劳而劳之，又谁怨？欲仁而得仁，又焉贪？君子无众寡，无小大，无敢慢，斯不亦泰而不骄乎？君子正其衣冠，尊其瞻视，俨然人望而畏之，斯不亦威而不猛乎？』

注释

尊：端正。

译文

子张道：『给人民以好处，自己却无所耗费，这应该怎么办呢？』

孔子道：『顺着百姓想要得到的利益就让他们能得到，这不就是给人民以好处而自己却无所耗费吗？选择百姓可以劳作的时间去让他们劳作，谁又会有怨言呢？想要仁德便得到了仁德，还贪求什么呢？无论人多人少，无论势力大小，君子都不敢怠慢，这不也是安泰矜持却不骄傲吗？君子衣冠整齐，目不斜视，庄严地使人望而有所敬畏，这不也是庄严有威仪却不凶猛吗？』

子張曰。何謂四惡。

子曰。不教而殺謂之虐。不戒視成謂之暴。慢

令致期謂之賊。猶之與人也。出納之吝謂之有

司。

原文

子张曰：『何谓四恶？』

子曰：『不教而杀谓之虐；不戒视成谓之暴；慢令致期谓之贼；犹之与人也，出纳之吝谓之有司。』

注释

不戒视成：不加申诫便要成绩。

慢令致期：始令懈怠，限期严苛。

译文

子张说：『什么是四种恶政？』

孔子说：『不进行教化便杀戮叫作虐；不加申诫便强求别人做出成绩叫作暴；起先懈怠而后又突然限期完成叫作贼；好比给人以财物，出手吝啬叫作小家子气。』

孔子曰。不知命。無以為君子也。不知禮。無以立也。不知言。無以知人也。

原文

03 孔子曰：『不知命，无以为君子也；不知礼，无以立也；不知言，无以知人也。』

注释

知命：知道命运。孔子之意是顺乎自然之理。**知言：**懂得辨别言语的好坏。

译文

孔子说：『不懂得天命，就没有可能成为君子；不懂得礼，就没有可能立足于社会；不懂得分辨别人的言语，便不能了解别人。』

图书在版编目（CIP）数据

日读论语 / 孙晓云书；府建明注评. -- 南京：江苏凤凰美术出版社，2022.4（2023.4重印）

ISBN 978-7-5580-9593-1

Ⅰ. ①日… Ⅱ. ①孙… ②府… Ⅲ. ①儒家②《论语》－通俗读物 Ⅳ. ①B222.2-49

中国版本图书馆CIP数据核字（2022）第011250号

出 品 人　陈　敏

责任编辑　曹智滔

装帧设计　周伟伟

责任校对　吕猛进

责任监印　生　嫄

书　　名　日读论语

出版发行　江苏凤凰美术出版社（南京市湖南路1号　邮编：210009）

制　　版　南京新华丰制版有限公司

印　　刷　南京斑点艺术品设计制作有限公司

开　　本　787mm×1092mm　1/32

印　　张　21.25

版　　次　2022年4月第1版　2023年4月第2次印刷

标准书号　ISBN 978-7-5580-9593-1

定　　价　168.00元

营销部电话　025-68155675　营销部地址　南京市湖南路1号

江苏凤凰美术出版社图书凡印装错误可向承印厂调换